天下雜誌
觀念領先

人生的王道

稻盛和夫

新裝紀念版

正確生活的共通哲學

Kazuo Inamori
稻盛和夫 著　山田淑敏 譯

人　生　の　王　道

稻盛和夫　人生的王道（新裝紀念版）⊙ 目錄

第4章 大義

第5章 大計

第7章

王道

第10章 立志 213

第11章 精進 227

第12章 希望

本書將自二〇〇五（平成十七）年十月至十二月連載於《日經商業雜誌》的內容做全面修改而成。

本書引述《南洲翁遺訓》的原文與解釋，摘錄自「財團法人西鄉南洲顯彰會」於二〇〇一（平成十三）年所發行的《南洲翁一百二十五年誕辰紀念西鄉南洲翁遺訓》。

前言
做為高尚的日本人與優質的日本

日本的社會曾經處處可見高尚的日本人。

雖然經濟環境並不富足，但言行高超、氣度卓越，對上不阿諛奉承，對下謙虛為懷，不凸顯個人主張，為他人著想，具如此美德的日本人何其多也。

由這些德行高尚的人所組成的各種組織，自然是品格清高的團體。如製造業的工作現場，每個人都期望自己做的商品能讓顧客滿意且引以為傲。即使沒有強制的品管規則，也會對自己的作品付出萬全的注意與細心的關懷，要求自己做到完美無缺。

同樣的，這種情形在販賣業也可見到，即使是經驗尚淺的新店員，也會盡力站在顧客的立場著想。這種優質的服務品質並非來自上司的督促，也不是印在手冊上的待客守則，當然更不只是為了增加業績，而是出自親切溫柔的心，為對方著想而自然流露於行動之中。

我認為，由於這些德行高尚的人的努力，日本經濟才會有今日的發展。但是，近年觀察世間所看到的，卻是過去完全無法想像的缺德亂象。例如，黑心食品事件和隱藏商品缺陷、粉飾決算和股票內線交易等等，一連串的醜聞令人對企業的社會意義打從根本起疑。

政府部門也不例外，從關說到賄賂，一次又一次暴露出理應為人民貢獻的公僕，卻相當無恥的事實。甚至連家庭都接連發生「父殺子」、「子弒父」這種否定人性尊嚴的慘劇。每每打開報紙，都見到這類怵目驚心的新聞，「究竟，這個國家會變成什麼模樣？」感到憂心的，應該不只我一個人。

我認為，這種種社會亂象，全是日本人的「質」降低水準所造成的。第二次世界大戰後的六〇年代，日本人從廢墟中奮勇站起，成就了近乎奇蹟的經濟發展。結果，確實獲得了豐厚的物質生活，精神上的富足卻不斷急速流失。這種正在進行中的心理荒廢，不但讓日本人的「質」日益惡化，而且是造成現代日本社會迷失、混亂的真正原因。

翻開古今中外的歷史，各個國家一再重複著興衰：國民孜孜不倦努力，為國家帶來了興隆發展；不久之後，卻因驕傲自滿，招致國家的沒落。由此可見，國家的盛衰與國民的心態是一致的。

現在，每一個日本人都應該重新思考如何取回精神層面的富足，也就是美而優質的心。如果所有的日本人，不分年齡，都能提升品格與心靈，相信日本必能在全世界再度挺起胸膛，以優質國民之國而自誇。我認為這才是真正重建日本之道。

每想至此，都令我想起曾經有一位高尚的日本人，他的心是那麼得美而溫暖。

他是西鄉隆盛。

西鄉的生活原則與思想，喚醒人們想起日本人原有的「美」與「高尚品德」。每次有人問我：「最尊敬的理想人物是誰？」我一定會立刻想到西鄉。

日本近代國家的形成，經歷了動亂的幕府末期，是無數人懷著滿腔熱情，用生命、鮮血所換來的。然而，千辛萬苦建立起的新政府，卻逐漸變成違背西鄉期待的政權。

曾經並肩作戰的同志成為維新功臣，當上政府要員之後，不但變得驕傲自滿，而且只想保住自身的榮華富貴。但當初這些人並非為了財富和地位才獻身於明治維新的啊！終於，在決定是否攻韓的論題上發生對立爭執，擔任參議長的西鄉憤而辭官回鄉，在鹿兒島設立私學校（私人學堂），把滿腔熱情傾注於青少年的教育。

私學校的學生們跟隨西鄉學習到世界的情勢和日本的現狀，學得愈多情緒愈加激憤，認為「新政府不採用偉大的西鄉老師的意見，真是愚昧無知」。反政府的旗幟日漸表面化，終於以私學校的學生為中心發動起義，襲擊鹿兒島兵工廠，搶奪槍枝砲彈，對熊本發動攻擊，攻勢持續北上。

當時，西鄉正帶著獵犬在九州南端大隈半島的深山裡獵山豬，聽見學生起義的消息嘆道：「糟了，做出嚴重的事了。」西鄉知道已經無法阻擋，而且受年輕學子的熱情牽絆，做出「既然大家如此，好吧，那麼我也獻上自己的性命」的決定，明知毫無勝算，卻毅然決然地與學生同進退。

一八七七（明治十）年九月二十四日，為時七個月的奮戰落幕，西鄉死於鹿兒島城山，享年四十九歲（足歲），史稱西南戰役。

西鄉對新政府舉刀相向，一時被明治政府冠以叛軍之首的罪名。但是以兵不血刃的方式讓江戶開城、實行廢藩置縣等制度，都是西鄉在明治維新時期所留下的偉大功績，西鄉死後，人們更加敬重他。終於在一八八九（明治二十二）年，政府頒布大日本帝國憲法的同時發布大赦令，恢復了西鄉的名譽。

西鄉留下的言錄，由庄內藩（現在的山形縣）有志之士編纂成《南洲翁遺訓》，於大赦令發布的隔年出版。

或許有人不解，為何在戊辰之戰中（註）與幕府政權站在同一陣線的庄內藩人，竟為敵陣的西鄉編纂遺訓呢？

事實上，庄內藩編纂、發行《南洲翁遺訓》的前後經緯，正足以顯示西鄉的偉大人格。

當時庄內藩被新政府軍擊潰而全面投降，通常戰勝的將軍都會下令解除敗軍的武裝，西鄉卻反其道而行，取下勝軍的佩刀，讓身無武裝配備的勝軍進駐庄內藩。這項措施一方面是為了防範勝軍展開暴行，另一方面則是對敗軍表示關懷和敬意。西鄉沒收勝軍的軍刀，允許敗軍佩刀的舉動，讓庄內藩的人們驚訝不已。

不久，西鄉回到故鄉下野，庄內藩的武士們仰慕西鄉寬懷的度量和偉大的人格，紛紛前來鹿兒島追隨西鄉學習，其中包括庄內藩的藩主酒井中篤。此外，庄內藩的武士也曾經不顧勸阻，追隨西鄉投入西南戰役。

因此，受到西鄉薰陶的庄內藩人，把西鄉的思想編纂成冊，流傳到後世的就是《南洲翁遺訓》。

【註】

一八六八（慶應四）年，由薩摩（現在的鹿兒島縣）、長州（現在的山口縣）和其他聯合軍所組成的西軍與幕府軍在鳥羽、伏見等六個戰場展開日本史上最大的內戰。

人類過正確生活所需的普遍哲學

為何現在要言及西鄉的思想呢？

明治政府期間，西鄉成就了多項偉業，其中包括了排除眾議斷然執行的「廢藩置縣」。

新政府軍雖然在戊辰之戰推倒了德川幕府，達成王政復古、版籍奉還（註），建立以天皇為中心的立憲君主國家，但實際握有軍事權與徵稅權的各地藩主，依然具有強大勢力，並未完全脫離幕藩時代的封建體制。

加上以薩摩藩、長州藩為主所建立的明治政府，引來其他各藩的強烈反感，而失去特權及職位的武士之間，也出現不穩定的反動徵兆，此時明治政府若行事不慎，極可能一觸即發，再度引起內戰，甚至可能招致歐美列強的介入。

某日，西鄉與大久保利通、山縣有朋等人聚在木戶孝允家，討論「廢藩置縣」的議題陷入膠著，遲遲難下結論。始終保持緘默靜靜聆聽眾人意見的西鄉突然開口：「該討論的已經都討論過了，或許還有反對的意見，但是，這項改革一天不實施，日本就不會有未來。實施之後若有任何問題，一切責任由我承當。」

在場的每一個人無不被西鄉這一席充滿決心與魄力的話所折服。數日後，明治政府正式發布了廢除舊制的廢藩置縣令。

西鄉為武士出身，且受過薩摩藩主島津齊彬的隆恩，然而，以武士身分受到尊重的西鄉竟然親手廢除稱為「藩」的組織，斷絕了武士的歸屬，徹底破壞了武士受祿於藩、忠於藩的組織結構。主君與武士之間的生活，一夜之間被迫遽然改變，西鄉的心境想必有過遲疑與猶豫的痛苦掙扎。

究竟是何原因促使西鄉下定決心呢？

那是為了不得不把日本這個國家帶領至正確的方向，由「大公無私」所形成的「信念」帶給了西鄉莫大的勇氣。

《南洲翁遺訓》一書所匯集的，正是西鄉如此了不起的信念與原則。而我在本書舉出西鄉的生活原則和思維，並非只適用於幕府末期和明治初期等古老時代，也不是陳腐教條，反而是在現代呈現荒廢的時勢中，更顯得光耀可貴的教誨。

無法衡量的寬大氣度、清廉處世的坦潔胸懷、加上最可貴的無私之心，西鄉的人格魅力超越時代，直到今日依然明確指示出身為人類應有的模樣。

至今，我一直把《南洲翁遺訓》放在身邊反覆閱讀，每次翻閱都能得到貴重的生活啟示。隨著經驗累積、人生年輪的增加，我從這本遺訓所得到的啟示，在心中愈發深刻。因為，西鄉的遺訓是從不逃避、正面面對人生苦惱所孕育而出，可以說是人類為了過正確的生活所必需的普遍真理。

尤其是現代的日本人，更有必要牢記西鄉的生活原則、哲學和行為，開創出新的時代。

幕府末期的風雲人物坂本龍馬初次見到西鄉時，曾對江戶末期的幕臣勝海舟說出對西鄉的印象。

「西鄉這個人深不可測，如果比喻成吊鐘，輕輕地敲，他就小聲回應，但用力地敲，他就會大聲回應，可能會做出天大的傻事，也可能是最聰明的人。」

我對這本《南洲翁遺訓》也深有同感。

衷心祈望有更多讀者閱讀本書，從西鄉的金玉良言中獲得深刻的觸動與啟發，邁向人生的王道。

【註】意指各地藩王將各自的領土（即版圖）和轄內臣民（即戶籍）歸還給天皇的中央集權政策。

第1章

無私

領導人應放棄私利與私欲，走正道

初次得見西鄉的遺訓，是在京瓷創立經過十多年的時候。

當時公司急速成長，股票順利上市，我內心卻感到極度不安。因為，任何重大的經營判斷一旦有誤，公司隨時可能瀕臨破產，導致員工和他們的家人流落街頭。加上股票上市後，股東的責任也隨之加重。對我而言，絕對不能讓這些與公司有密切關聯的人受公司牽累，因此我不眠不休，投入工作。

某日，一位年長的紳士來訪，談過之後才知道原來他曾經擔任山形縣某地方銀行的行長，退休後擔任顧問並參與「莊內南洲會」的營運，致力傳承西鄉的思想，那次他特地為我送來一本《南洲翁遺訓》。

那段時日，我正為了公司的經營傷透腦筋、煩惱不已，西鄉是我從小就敬愛的人物，這本遺訓集立刻吸引我從第一則開始讀起。

【遺訓第一條】

翁云，居廟堂者，以天道為政，不容私心。公平、正道、選賢與能，乃天意。遇賢者讓位，為善；有功非賢，授以官，離善遠矣。官選其能，俸賜其功。弟子問，此為《尚書》立伊尹為相所記，德高為官，功高重賞，德官相配，功祿相對之義否。翁大喜，稱是。

〔解釋〕

所謂政府，管理國家政要的人，必須遵行天道，不許摻雜任何私心。任何情況都必須以公正的方式，廣泛取才，選出賢能又忠於職守的人出任官職，才合乎天意。因此，一旦有公認賢明又足以擔當大任的人，就應立即讓位；反之，如果只因對國家有功而不論是否適合，就賜予官職做為犒賞，則是天大的錯誤。南洲翁說，官職應該授給經過慎重選擇的人，至於有功績的人則應該授與豐厚的俸祿。弟子問道，這是否就是《尚書》殷湯王立伊尹為相的一文中所說「德高的人為官，有功的人得賞，道德與官職相配，功績與獎賞相稱」的意思呢？南州翁聽了非常高興，回答正是如此。

《南洲翁遺訓》開卷第一條，是任何一位身為組織首長的人物，應該牢記於心的羅盤指針。雖然西鄉以政治為例，但無論是大企業家或經營中小企業的人，甚至任何小型團體的領導者，只要是為首的人物，都應該有此認識。

領導人物不許有任何私心，西鄉以身作則，徹底排除利己的思想與行為，給我極大的震撼，因為當時我還不能完全割除私心。

前文提過，當時京瓷的股票剛剛上市，公司順利擴大發展，身為經營者的我卻沒有任何改變，跟創業初始一樣，不分晝夜拚命努力工作，完全沒有屬於個人的時間，於是我開始思考一個問題。

——組織原本是沒有生命的，灌注了經營者的意志和意識，才能像活生生的生物一般充滿活力。既然如此，為組織注入生命，不正是為首的總經理該負起的責任嗎？換句話說，身為總經理的我為京瓷考慮的每一分鐘，都表示京瓷這個組織活著，如果我回到個人為私事考量，豈不意味著京瓷的組織和機能都消失不存在了嗎？

如果答案是肯定的，那經營者豈非無時無刻不應該為公司考慮，而完全失去自我？但那是我所求的人生嗎？當時年逾三十五歲的我，煩惱這個問題而屢次自問自答。

同時我也想，出生在這個世間卻不能享有充裕的個人時間，應該也稱不上是滿足的人生吧！但是，有這麼多員工的人生寄託在我身上，站在總經理的立場不得不盡量讓屬於個人的自己消失，大部份的時間都必須意識到自己是為眾人工作的總經理。

再三思考的結果，我開始相信儘管犧牲自己也應該全心全意集中於公司經營，這是身為領導人的職責，而就在此時，我見到了《南洲翁遺訓》。

「果然如此！」遺訓第一條的每一句話都好像西鄉在背後推我一把，為我打氣。

的確，位居領導地位的人不容許絲毫私心，基本上也不能有個人立場，領導人一旦出現「私心」，組織必然隨之毀壞。不能做到始終為公司著想、不惜犧牲自我的人，就不應該擔任領導人。西鄉的教誨讓我更加確信這個信念，幫助我在往後的日子裡不再迷惘，把自己全部的人生投注於經營。

而且，自從有了這個信念，我就對自己發誓，也對外公開表明，絕不採取世襲制度。雖然世上為數眾多的中小企業大半都採行世襲，也曾經有人熱心勸我這麼做，但是我謹記西鄉的教誨，在內心堅持以公平的心行正道，「絕不讓子女接掌職位」，也「盡量不讓有血緣關係的親族加入經營陣容」。

徹底執行「無私」的態度，或許被看成「無情」，但是對位於眾人之上、統率集團的人而言，這不但是必備的條件，也是我一直對自己的要求。

成功後驕傲自滿——近年的企業家

近來，年輕的企業家以專業投資知識或最新技術創業，充分發揮才能而獲得成功，但一旦股票上市，卻迫不及待立刻出售自己所持的股份，一心只想獲得億萬財富。

例如，運氣好讓股票上市、年紀不過三十歲前後的經營者，瞬時獲得數百億日圓的巨款，看似大獲成功，但不知何時卻悄然銷聲匿跡。這種情形，最近看太多了。那完全是成功以後，因私心作祟而扣動了沒落的扳機所致。

一九七一年，京瓷股票上市，當時的情形和我的想法簡單說明如下。

自創業以來，京瓷維持順利發展，有不少證券公司勸我申請股票上市。

根據他們的說明，有兩種方式，一種是創業者公開出售所持的股票；另一種則是增股，招募新股東。前者的獲利全數歸創業者個人所有，後者則成為公司的資金。

某證券公司的人說，把股票上市當作創業辛勞的報酬，強力向我推薦前者的方式。但這種想法跟我不合，我決心絕不跟這種公司合作，而選擇了後者。我所持的股份連一股也沒有賣出，股票上市所獲得的資金全數歸入公司的帳簿。這個決定讓京瓷的資金更為充足，不但奠定了更堅實的經營基盤，並將新資金投入新的開發計劃，擴大發展了事業規模。

反觀，最近有許多創業經營者，在股票上市後立即出售自己的股份，獲取莫大的收益。結果，創業者一夜致富，企業的財務狀況卻沒有變強，缺乏投資新事業的資金，而錯失新股票上市可能帶來的第二成長期。

這種情形不侷限於經營的世界，同樣可見於其他層面。例如，通過困難的國家考試，合格過關就任官僚，但當初的出發點若非為了國民，恐怕今後只會把部屬、單位的利益，或保住個人的地位列為最優先。一向以廉潔出名的政治家，也有可能因連任當選，而以個人權勢為重；熱衷研究的學者專家，可能因研究成功而態度自大，變成惹人厭的人物。

由此可知，愈成功、愈偉大的人，不但須言行舉止謙虛，更須率先犧牲自我。沒有勇氣讓自己擔任最吃虧的職位，就不夠格站在領導地位。領導人缺乏犧牲自我的勇氣，只會帶給部屬不幸。

可嘆啊！縱觀今日的日本，具有「無私」概念的領導人竟然寥寥無幾，這不就是導致現在日本社會混亂的一大原因嗎？

現在，最需要的是有高貴的人格和人性，願意捨棄個人，為世間盡心盡力的「無私」領導人。這是超越時代和組織規模的普遍真理，無論是西鄉活著的明治時代、或是我們活著的現代、甚至像非營利組織這般小型組織，領導人的第一條件完全相同，就是「無私」。

西鄉主張「無私」的思想，說明排除私心乃是身為領導人最必要的先決條件，在這本《南洲翁遺訓》裡隨處可見，用「無私」來總結西鄉的思想，一點都不為過。

起用人才的關鍵，相信人會成長

西鄉在第一條遺訓中說道：「有功非賢，授以官，離善遠矣。官選其能，俸賜其功。」

明治維新是由長州藩和薩摩藩為首而達成的革命，因此，對維新有功的人理所當然被新政府任命為官。薩摩藩有一種風土習性被揶揄成「同根的番薯串」，意思是家族中一旦有人高居要職，兄弟和親戚就會一個接著一個當上大官，這種習性原封不動被引進明治新政府中。

然而，不當的人事派任，一定會出現明明沒有擔當能力，卻位居要職的情形。這種充滿私心的人事派任，怎麼可能治理好國家呢？簡直太愧對為維新流血犧牲的人了。

「有功勞的人應該賜給豐厚的俸祿，有德有能的賢者應該賦予官職」，這句話是站在維新最前線奮戰的西鄉發自內心痛切的嘆息，這句話在人事處理和企業經營方面，也是非常重要的真諦。

企業處於中小零細階段，或許只能雇用到能力有限的員工，但事業規模一旦擴大，經營者的野心必然會跟著增大，希望有更優秀的人才加入，便可能產生以下兩種情形。

一種是，重視創業階段一起並肩作戰、同甘共苦的伙伴，公司一旦成長變大，隨即讓創業伙伴擔任常務董事或副總經理等要職。公司規模營業額若小於一億日圓，這種做法可能還不至於出現大問題。但營業額達到百億甚至千億日圓的規模，必然需要更高度的經營能力。儘管如此，依然有人堅持把重要的職位和權力交給當年創業的伙伴。

的確，這些人過去勞苦功高，為公司成長到今日的規模付出巨大的貢獻，但只為了這個原因，就讓能力不足的人掌管營業額超過一千億日圓的大企業，很可能讓公司搖晃不穩。

另一種情形是公司變大以後，從外部爭取新的優秀人才。當公司發展到某種程度，逐漸顯現部屬的能力不合所需時，雖然創業伙伴是同甘共苦的功臣，但無力讓公司更加擴展，只好從外部引進新血，例如取得美國ＭＢＡ經營碩士學位的人，讓具有高度經營技術的人擔任要職，企圖讓公司跨出更大的一步。

但是，這種情形非常容易招惹創業伙伴的不滿，他們可能會有「我們流盡汗水，讓公司有今日的局面，卻受到這等待遇」的想法而悲傷離去，取而代之的是一批公司擴大以後才加入的人，導致公司變質，變成都是精明能幹又能言善辯的跋扈員工。維護公司精神的元老離去，組織文化隨之變質的結果很可能造成業績下降。

每當被問及：「公司規模擴大，與創業初期共渡難關的人漸漸意見不合，想從外部起用優秀的人才，不知是否恰當？」我一定回答：「起用優秀的人才雖然必要，但千萬不能忽視曾經同甘共苦的伙伴。」

我這麼說不是為了光說好聽的話，故作姿態。

事實上，即使中小零細企業想起用一流大學畢業的優秀人才，恐怕也聘請不到。記得京瓷還是中小企業時，來應徵的人大部份都是看起來不太能擔當大任的人。如古諺所說「螃蟹只會挖跟自己的殼一樣大的洞」，總經理本身平庸，當然只有普通的人才會來。儘管如此，經營者對未來總是感到不安，姑且不論自己才能如何，總之認為為了避免原地踏步和公司的發展，需要更優秀的人才。

但事實並非如此，仔細觀察公司上上下下，一定會發現竟然有這麼多的元老，在公司草創時期搖搖欲墜時，與經營者同甘苦共患難，追隨至今。應該好好珍惜這些人才。

更因為這些人是公司規模還小的時候加入的，或許他們沒有了不起的學問和口才，也沒有特別吸引人的風采，但是從小小的公司到現在，經過了二十年、三十年，只要是毫無怨言又孜孜不倦、努力工作的人，在人性上必然會有了不起的成長，重視他們的人性成長是非常重要的。

我一向把建立組織看成築城。想建築一座壯觀的城堡，首先必須用石塊堆建根基，但是光有巨石，也就是說光有優秀的人才並不能蓋出堅固的基礎，因為巨石與巨石之間的縫隙需要小石頭來填滿，沒有使用小石頭的石牆非常脆弱，不堪一擊。

換句話說，一方面從外部起用如巨石般能為公司建功的優秀人才，另一方面，讓長年為公司獻身努力的老員工，像巨石間貴重的小石頭般繼續工作。小石頭雖然又小又不起眼，但千萬不能輕視小石頭堅實的力量，老員工是支撐基盤的大力士，留住他們才有可能讓公司變得更強大。

西鄉不僅理解真理，而且細知人性的微妙，才會洞察出這點人事上的真諦。

第2章

考驗

度過辛酸、苦難，立大志

人生本就波瀾萬丈，瞬變無常。面臨種種考驗時，如何看待苦難會讓接下來的人生完全不同。遭遇困難而被擊垮、自暴自棄，只會讓珍貴難得的人生在黯淡中度過。相反的，勇敢面對艱難、克服困苦，不但能提升自我，人生之路也將為之敞開。

下面是一首西鄉留下的名詩。

【遺訓第五條】

翁作七絕：「幾歷辛酸志始堅，丈夫玉碎愧磚全，一家遺事人知否，不為兒孫買美田。」此言若有誤，則視翁之言乃反其行也。

〔解釋〕

西鄉寫了一首七言絕句：「人的志向必須經過一次又一次的艱辛，方能確定。真正的男子漢，應該有寧為玉碎不為瓦全的決心，為了長生而折服心志，應該引以為恥。我為家人留下一則家訓，其他的人是否知道？這則家訓是不為子孫買良田或留下任何財產。」這句詩若有誤，則表示西鄉的作為有違其言。

飽嘗辛酸苦難而堅忍不拔，努力渡過難關，才能真正使人確定志向，西鄉本身壯烈的人生經驗足以為證。

西鄉約莫三十歲那年，幕府政權體制中位居最高職位的大老，井伊直弼發起「安政大獄」，嚴厲彈壓尊皇攘夷派。當時，京都東山清水寺成就院的住持月照大師，對西鄉而言既是師長也是對維新有共同理想的同志和密友，有遭逮捕之險。西鄉為了搶救月照大師，把他帶回薩摩尋求掌有實權的島津久光的保護。

不料，久光畏懼與幕府發生不必要的摩擦，拒絕保護且下令驅逐其到日向（現在的宮崎縣）。當時驅逐到日向乃意味著，把人送到薩摩藩與日向的分界線，即下刀奪命之意，西鄉當然心知肚明。於是，在黑夜開往日向的船隻上，西鄉不願為了保命而棄同志於不顧，決心同歸於盡。兩人交杯對飲之後，攜手跳入錦江灣自盡。結果月照大師溺斃，西鄉卻獲救，雖然喝進大量江水，意識不清，但奇蹟似地取回一命。

然而，決心與同志共死卻獲生還，這對一名武士而言是比死更難堪的屈辱。據說，西鄉的家人有好一陣子，把家裡所有能看到的刀刃都藏起來。

佛教「六度波羅蜜」裡提到「忍辱」，說明受辱乃是身為一個人最難忍耐的苦，但耐得住、熬得過的人，就能接近開悟的境界。

西鄉忍辱負重選擇活下去，但不久再度觸怒久光，被放逐到偏遠的沖永涼部島，過著飽受風霜摧殘的囚犯生活。西鄉被帶到四面無牆、只有粗糙木格子的狹小牢房，飽受毫不留情的烈陽，加上風雨吹襲，甚至連浪花都會打進來，一天只能吃到兩次粥水，西鄉很快消瘦。但即使身處殘酷的環境，西鄉依然不發一句怨言。

後來，西鄉被移到室內的囚室，獲准閱讀中國的經典古籍。據說西鄉日夜勤讀並熱衷於冥想。經過這一連串殘酷的考驗與古聖先賢智慧的開導，西鄉變成有堅定信念且無畏無懼的人，數年後回到薩摩，朝著維新的理想向前邁進。

至於我自己，從小罹患肺結核，兩次參加舊學制的中學入學考皆落榜。

第二次世界大戰結束的前兩天，八月十三日鹿兒島一場大空襲燒毀了老家，哥哥和妹妹為了讓我報考大學而放棄升學機會，我卻沒有考上，參加就業甄選時也因無人介紹而落選。我自嘆時運不濟，冷眼看待世間，甚至自暴自棄想乾脆走黑道，當商業流氓。

如今回首過往，雖然比不上西鄉悲壯，也確實經歷了無數的苦難，我才確立了堅定的志向，而有今日的成就。假使我是出生於富裕家庭的「少爺」，不曾吃苦、又能輕鬆進入志願的學校、順利到氣派的大企業就職，相信我的人生一定會完全不同。

小時候，父母經常說：「年輕的時候，即使花錢也應該多買吃苦的經驗。」我總是故意頂嘴說：「給我錢我也不要這麼做。」但確實如父母所說，逆境是重新認識自己、獲得成長的好機會。遭遇逆境，千萬不要日夜嘆息。把逆境看成是確立志向的好機會，勇敢面對、通過考驗，才能成就大志。

接著，西鄉說不為兒孫買美田。換言之，連最疼愛的子孫都不留給他們絲毫財產，藉此明示，醉心於增加個人和家族的財產而不得清醒的人，畢竟無法公平處理行政。這就是「無私」的最高境界，連自己的兒孫都要求以嚴謹的方式過活，完全把自我拋在一旁。

西鄉基於這種超越血親、近似無情的「無私」，在內心立誓「不為兒孫買美田」。但這有反人之常情，要真正做到這點，何其困難。但西鄉歷經重重辛酸，堅定的信念令他不違背內心的誓言。

所有身為領導者的人，都應該同西鄉那般，無論如何都堅守志氣而不變節。西鄉的生涯，可說是以堅定的志氣貫徹了一生。

與其在後方擬定作戰計劃，不如上前線奮戰

關於領導人應有的心理準備，西鄉發表了以下的論述。

【遺訓第四條】

居萬民之首，應謹慎克己，端正品行，忌驕奢，力於節儉，勤於職務，為民表範。下位者若不欽服上位者，政事將難行。現值草創之初，眾人若僅求豪屋、華服、美妾、蓄財，何以成維新之業？戊辰義戰已成滿足私利私欲之戰，對天下、對殉難同志，有何面目以對？嗚呼！

〔解釋〕

居眾民之上的政府領導者，必須以謹慎的心，端正行為舉止，告誡自己不許驕傲、奢侈，致力於節儉，以身作則，努力工作，做人民的表率。無法贏得國民的欽服，政府的命令必然難以施行。

現在維新政府尚處於草創時期，如果大家都爭相求取豪宅、講究穿戴的衣物、身旁有美妾圍繞、囤積個人財產，怎麼能達成維新真正的目的呢？照目前的情形看來，戊辰起義已經變成爭奪私利私欲的戰爭，愧對國家和戰死的同志，無顏以對，叫人忍不住淚流滿面啊！

「居萬民之首」指的當然是位居政治首位的人，用在企業經營上則是「統帥所有員工的總經理」。

套用西鄉的敘述，可以說成「位居員工之上的總經理，必須以謹慎的心，端正行為舉止，告誡自己不許驕傲、奢侈，致力於節儉，以身作則，努力工作，做員工的表率。無法贏得員工對總經理的欽服，公司的命令必然難以施行。」

西鄉想傳達的就是「領導人應率先以身作則」。常聽到一句話「經營者用背影教育員工」，意思就是領導人不可迷亂心性、變得卑鄙和怠慢。所以最重要的是，端正行為，以奢侈浪費為誡，做員工的模範。如果沒有讓員工看見領導人拚命努力的身影，為領導人的辛苦而感動，領導人的指示必然無法徹底被執行，公司的運作也難以順利進行。

公司草創時期，我曾經對領導者應有的態度問題做了兩種思考。

一種是，在後方觀察前線作戰情形而下令指揮的領導人，這類型的領導人用一道接著一道的指令，調兵遣將進行作戰。另一種則是親自拔出刀劍衝入敵陣的領導人。那時我非常煩惱究竟哪一種類型的領導人才能得到部屬的信賴和尊敬，百思不得其解。

後來，我想起了孩提時代曾經讀過西鄉的徒弟大山嚴元帥的傳記，裡面有這樣一段敘述：大山身為薩摩的資深將軍，在日俄戰爭中擔任旅順攻略戰的總司令官，在二〇三高地後方指揮作戰的他，某日早晨聽見遠方大炮的轟炸聲，用鹿兒島鄉音詢問部屬：「今日何處有戰事？」

就在身為總司令官的大山問這句話的同時，乃木希典大將軍率領部隊，往最前線的戰場突擊猛進，進行以血洗血的激戰。

傳記稱讚大山面對不利的戰況，依然穩如泰山，是值得部屬信賴的名將。年紀還小的我卻不以為然，不解他為何不到前線用自己的眼睛確認戰況，重新擬定作戰計劃呢？這樣豈不是可以避免不必要的犧牲嗎？

想到這裡，我心意已決，我要到最前線的戰場。

我要在前線的壕溝加入與敵陣對峙的槍戰，在壕溝裡匍匐前進，渾身泥水，和部屬們共勉共患難，用自己的背影鼓勵員工努力，才是一位真正的領導人應有的姿態，不是嗎？

包括許多大企業，一般領導人都在後方擬定經營策略和計劃。但當京瓷還在中小零細企業的階段時，我認為自己應該衝殺到最前線去帶領部屬。不過，身為企業的領導人，也有必要思考策略戰術，因此，我想時而上前線與士兵同甘共苦，時而返回後方陣營，擬定作戰計劃，來回於前線與後方之間進行指揮，應該是最理想的領導人吧。

如果員工眼裡所見的，不是比任何人都更吃苦耐勞的總經理，心生感動而仿效總經理發憤努力，那麼公司經營必然不得順利進行，這是西鄉所要傳達的真意。西鄉這句話不是理論，而是在實際的工作現場獲得員工信賴、奠定領導能力方面非常重要的一句話。

成功也是一種考驗，一時的成功不能保證永遠

現代有許多新興企業隨著股票公開買賣的風潮，爭先恐後想達成股票上市。股票上市的目的，本來是為了充實公司的財務促進發展，現在所見卻多為創業者賣出持股以獲得巨額利益。

這些人，花數十億日圓來蓋豪宅、在地下室蓋高爾夫球練習場、買遊艇和數輛高級車，西鄉在數百年前所嘆息的情景，現在卻像理所當然似地正在進行。

「這是我賺的錢，愛怎麼花是我的自由，」也許有人會這麼說。不過，這些人在創業初期必然也曾借助他人的力量——有別人的汗水和辛勤工作的

結果。然而一旦巨款到手，這些人卻毫不客氣地說：「全靠自己打拚出來的。」

但一時的成功不能保證永遠，中國有一句古話「謙遜為福」，這些自我陶醉於些許成就而自大傲慢的人，終會陷入欲望的深淵不能自拔，而忘記謙虛的經營者所掌舵的企業，也不可能長久繁榮。

考驗並不光指苦難，成功也是上天賜給人的一種考驗。千萬不可因幸運獲得成功而驕傲自滿。不忘謙虛，繼續努力才是最重要的。

謙虛傾聽旁人的意見

【遺訓第十九條】

自古，君臣自負必無功於世。自視不足，故聽下言也。自以為是者，人言其非則怒，賢人亦愛莫能助。

〔解釋〕

自古以來，君主與臣子都自認行政完美的時代，其實都是不好的時代。認清自己並非完美，才能聽進部屬的建議。自認完美的人，一聽見別人指出自己的缺點，馬上就動怒，這種高傲自大的人恐怕連賢人君子也救不了。

不管企業規模大小，領導人雖然需要強勁的領導能力，但不可因位居高層、帶領員工而過於自信，自恃才能過人而傲慢，這是西鄉在這一則遺訓所要強調的。

「自視不足」這句話告訴我們，當對自己相當有自信時，必須往後退一步，聽取旁人包括部屬的意見，再進行思考與整理，保持謙虛的胸懷。

可惜，最近看見幾位對戰後日本經濟有功的大企業家卻在晚年沒落，令人非常心痛。經營的情況愈好，掌舵的時間愈久，領導人就愈有自信，但也容易因獨斷獨行而失控。當事人很可能認為自己正將企業導往好的方向，但以客觀的角度來看，卻有半數以上是因過分自信而失控的行為。

領導人失控通常不會發生在辛苦經營的階段，而是在經營順利、想進一步發展時發生。以歷史悠久的大企業為例，升職到領導階層的人大多是藍領出身的職員。他們從公司的基層做起，在依年資升遷加薪的制度下一步步晉升，其中特別優秀的被選任重職，終成為總經理。他們和赤手空拳、白手起家的創業者不同，屬於秀才型，累積了經營經驗而成為領導人。

這類型的人一旦登上了總經理寶座，便集權力於一身。總經理的任期通常一期兩年，連任三期為六年、五期則為十年，有不少人連任十年以上。長期穩坐總經理寶座的秀才型領導人，和其他的長期政權一樣，幾乎一定都會變得桀驁不馴、恣意妄行。

特別是這種情形：「看！那家老企業本來情況不太好，但自從那個人當了總經理以後，開始有了不起的發展」。這種被稱為「企業重建之神」，有優秀經營手腕和實際貢獻的領導人，最後變成獨裁者而在晚年壞了名聲的例子，實在不勝枚舉。

優秀的企業家同時具有極端的兩面

連藍領出身的領導人都有這麼多陷入獨裁的例子，更何況是赤手空拳創立公司，從中小企業出身的創業型領導人。事實上，要做到「謙虛為懷，不驕不傲」，時常聽取部屬和周圍的意見，並非那麼容易。

隨時聽取眾人的意見、與部屬進行討論，集眾人智慧來經營或許不會出錯，但缺乏魄力，不夠強勁。有時，領導人也必須半強迫地要求部屬。一旦做出決定，即使是頑固的堅石，也要以堅強的意志力推動前進。

規模極小的企業也是一樣。在企業經營上，有些局面需要這股近於失控的強勁領導力。但是，擁有強勁領導力的同時，也相對必須具備謙虛的胸懷。換言之，身為經營領導人的總經理必須兼具「權威與協調」、「強與弱」、「無情與溫情」如此互相矛盾的兩面。

光有強勁的領導力容易失控，陷入獨裁；但只有謙虛，帶領企業集團的活力又顯得不足。由此可知，須兼具謙虛與強勁兩面的領導能力。不過，說得簡單，實際執行時卻非常困難，過強易引起員工反彈，過於謙虛則會受員工輕視。互相矛盾的兩面該如何協調、實踐，是個難題，但也是身為領導人的我們所須努力的。不管是個人的人生或是企業經營，成敗與否全看如何協調、善用這矛盾的兩面。

西鄉的一生充滿了「情」，最後擇「義」而死。然而，為了突破「現實」這道巨浪，我認為除了「情」，還需要冷靜的「理」。

西鄉的孩提舊識，共同完成維新的大久保利通，就是一位「理性」的人。由於他渾身充滿理性，才能在混亂的局勢中，站在新政府的中心位置，為新誕生的國家構築新的體制和制度。

西鄉的「情」感動人心，大久保利通的「理」合理而且細緻，時而親切溫柔充滿溫情，時而如諸葛亮揮淚斬馬謖般嚴厲。有「情」又有「理」，不正是領導人所必須兼具的嗎？

年輕的時候，我讀到美國作家史考特．費茲傑羅（註）的專欄，銘感身受，之後我經常對員工們這麼說：

「同時具有互相矛盾的兩種性格，又能讓這兩種極端發揮功能互不衝突，是有最高知性的人。」

所謂最高的知性，是把互相矛盾的東西，例如溫情和無情、利己和利他這種兩極想法，因應局勢，發揮正確功能，而不互相抵觸。

但以上所說的並非中庸之意，而是因應情勢能縮能伸。有些局面必須充滿自信，遇見任何困難都能無畏無懼、號令集團「跟著我！」有些局面則必須慎重聽取眾人的意見，選擇正確的方向。能適當分別運用這互相矛盾兩面的人，才是真正有最高知性的人。

美國作家雷蒙・錢德勒在小說《重播》中讓男主角說：「男人不強，活不下去，但不溫柔就沒有資格活下去。」也是同樣的道理。

身為經營領導人，不管有多麼堅強的意志和卓越的業績，只要是對員工和周圍的人缺乏同理心，就沒有存在的意義。我不認為這種經營者的企業會長久興隆，再怎麼說，絕對有必要善待員工。商業買賣也是同樣的道理，只顧賺錢的生意不可能長久。因為不能讓買賣雙方都認為「買得好、賣得好」而感到滿意，造成一方獲益、另一方卻虧損，兩者總和為零（零和遊戲理論），這樣的商業模式當然不會長久。互相努力「為對方也為自己」才是商業的原點與真髓。

為對方著想等於自己獲利，乍看之下兩個背道而馳的矛盾，卻早在二千五百年前，由釋迦牟尼佛闡明。佛教有一句話「自利利他」，意思就是想獲利就必須先讓他人得到利益，諺語也說「不吝嗇施惠給他人」，為對方著想，給對方的恩惠，必定會回饋到自己身上。

【註】

美國二十世紀的偉大作家。他的作品深刻呈現了一九二〇年代美國社會的浮華生活與精神上的空虛，因此又被譽為「爵士時代的桂冠詩人」。著有《大亨小傳》、《夜未央》等紅透歐美藝文界的作品。

第3章
利他

利他是現代的良藥

西鄉生於鹿兒島下級武士的家庭，從小就有「中看不中用」的綽號。他雖然體形高大、眼光有神，卻沉默寡言，看起來既不敏捷又不聰慧，而遭同伴們疏遠。但這個孩子長大後，卻立下了豐功偉業。

為何西鄉能有如此成就呢？相信與他曾受德高望重的薩摩藩主島津齊彬栽培，和歷經重重苦難，都有很大的關係。而兩次被流放到孤島的辛酸經驗，成為西鄉偉大人格的起點。

上一章提過，西鄉年過三十左右，曾經被流放到距離鹿兒島西南方約五百多公里的沖永良部島，日夜關在狹小又不能遮蔽風雨的牢房，忍受淒慘無情的折磨。當時負責看守的土持政照見狀心生不忍，向上請求把西鄉移到不受風吹雨打的室內牢房。瘦弱不堪、接近垂死的西鄉在島民無微不至的照料下撿回一命。西鄉為了報答恩情，開始教島上的孩童讀「四書五經」等中國古籍。

某日，西鄉問聚在跟前的孩子們：「怎麼做才能讓一家和睦相處？」一位勤學的孩童立刻回答：「做到對君主盡忠、對父母盡孝、夫婦和睦、兄弟和諧、朋友互助，就可以讓一家和睦。」

這個孩子的回答乃是依據儒家的「五倫五常」，真了不起。但西鄉卻說：「的確如此，你照著五倫五常的道理解釋，說得一點都沒錯。但這些只不過是教條，真的要做到卻何等困難。」

西鄉接著又問：「雖然如此，但有個方法卻是任何人都能立刻做到的，那是什麼？」

孩童們回答不出，於是西鄉說：「那就是，脫離欲望。」

假如每個人都能捨棄過剩的欲望，相信所有問題都能迎刃而解。然而，現實中到處都是貪婪的人，使得家庭、社會和整個世間都不順遂，西鄉的見解讓我頓悟。

既然現代社會的迷亂現象起因於個人過剩的欲望，那麼解決的方法就有跡可循了。只要大家願意逐漸削薄個人欲望、肯吃虧、有勇氣把自身的利益讓給他人，相信一切都能順利進行。然而，要真正做到卻是如此困難，正因為西鄉了解「知易行難」的道理，才會提醒我們必須「脫離欲望」。

「脫離欲望、以誠待人、為人盡力」，這是解救現代罹病人的處方箋，也是人類過正確生活所必需的哲學與道德真理。

用意志力抑制貪、嗔、痴三毒

追求利益對事業組織和人類的活動而言乃是必要的行為，但是不能過分貪求。

想賺錢，是一個耀眼的欲望，也是一種煩惱，用強烈的賺錢欲望經營事業，必能獲得某種程度的發展。但以長久的眼光來看，卻難保順遂，因為被欲望掌控而產生過剩的利己之念，必將招致失敗。

反之，以經營公司為例，即使只雇用了一、兩個員工，對社會和他人而言已經是一種「利他行為」，如果能進而用心向善、努力行善，人生一定會更加美好。

人，本來就有為世間、為世人貢獻的善心，把我們為家人工作、幫助朋友、孝順父母等小小的、個別的利他行為匯集起來，就會變成為社會、國家、世界這等大規模的利他而維持到永恆。

抑制個人的欲望和利他的思想，即西鄉南洲「敬天愛人」的思想核心。

【遺訓第二十一條】

道乃天地自然之常道，講學之目的為敬天愛人，自始至終謹記修身克己，以達論語所云之「毋意、毋必、毋固、毋我」。

觀古今之人物，克己以成，自愛必敗。創業之人達事業之七八，卻鮮少終其所剩之二三。初能克己，謹慎行事而有成，隨功名油生自愛，而解畏懼謹慎之心，日漸驕矜，自負而至衰敗，自食其果也。故無人獨處之際，亦應守身克己以為戒。

〔解釋〕

道乃是天地自然形成的道理，追求學問以敬天愛人為目的（天可解釋為神，也可以解釋為道理，謹慎遵循道理就是敬天；愛人則是把眾人看成自己的同胞，用仁心去愛眾人之意）。修身養性必須隨時留意克己，而克己的目標就是論語所說的「不憑空猜測，不絕對肯定，不固執己見，不唯我獨是」。

觀察歷史人物就會明白，人因克己而成功，因自愛而失敗。創立事業的人大多數都能達到七、八成的成功，但能繼續完成所剩二、三成的人卻少之又少。原因在於開始時，雖然做到克己，慎重行事而成功，但隨著功成名就卻產生自愛之心，鬆懈了謹慎克己的精神，變得驕傲自負，自認沒有辦不到的事而導致失敗，這一切都是自己造成的後果。因此，必須要求自己時時刻刻做到克己，即使身旁沒有人在看或聽，也必須告誡自己謹慎虛心。

由這段話可知，西鄉所提的「道」，指的是天道，也就是「誠」。中國古籍《中庸》有一句名言「誠者天之道也。誠之者，人之道也」，說明誠實、盡誠乃是天道，而依循天道而生則是為人之道。

西鄉所說的「講學」指追求學問之意。致力於學問的目的在於「敬天愛人」，換言之，遵循天地自然，遵守誠之道，人與人之間不分彼此互相愛護，是學問的最終目的。

遵行敬天愛人的道理必須先從修身養性做起，而修身最重要的就是自始至終克己自律。至於克己，我個人把它解釋為「被煩惱佔據前先戰勝自己」，也可以說成「抑制」。

人，如果放著不管，心裡隨時會湧出欲望。欲望是造物主賜給人類的本能，是人類維持生命不可或缺的，因此人只要活著就不時會為欲望所困。換言之，空腹時會湧出「食欲」，面對外敵時會湧上「憤怒」，而因愚昧無知湧生「抱怨」。

欲望、憤怒和抱怨在所有的煩惱之中是最強的，在佛教中稱為貪、嗔、痴三毒。假如放縱不管，三毒就會經常湧上心頭。我們必須用個人的意志力來抑制經常湧上心頭的煩惱，即為克己之意。

西鄉接著說「克己以成」，這裡的「己」指的是被欲望和邪念盤據心頭的自己。克服自己能使人生萬事一帆風順。個人能否戰勝充滿欲望的自己，決定了成就的有無。

這點非常重要。人在事業起步時一定會拚命努力達到七、八成的成功，但繼續堅持到底的人卻少之又少。剛開始的時候非常謹慎、謙虛、徹底遵行天道、誠實奮鬥。但獲得地位和名聲之後，卻鬆懈了抑制自我的精神，產生自戀自愛之心。本來戰戰兢兢的自己變得只顧褒美個人功名。結果不再稱讚別人，而一味自我陶醉於「我在那麼辛苦的環境中奮鬥，得到了現在的成就，看！我做到了吧」，膨脹自己而忘記謙虛，這種情形必然隨著功成名就而發生。

於是，原本聲稱「這個公司是為了貢獻世間和世人」，卻變成「為了私人利益而存在」，種下沒落的原因，也就是西鄉所說的，全是自己造成的後果。

勢如破竹的企業家也會身中陷阱

「克己以成，自愛必敗」這句話是位居領導地位的人必須銘記在心的。如前所述，立定志向的起端，任何人都會以節制、謙虛、慎重、努力的態度進行，但接連幾次的成功，讓自己在不知不覺間變得驕傲自滿而在中途折志，造成失敗的結局。

我的恩人青山政次與父親年齡相仿，他是我大學畢業到專門製作絕緣體的京都松風工業就業時的上司，當我離開松風工業創立京瓷時，他決定離職加入京瓷的創業。

京瓷剛開始只生產單項產品，我一心一意想讓公司早日上軌道，不斷開發新產品，青山先生為此心急如焚。某日我們一起出差到某地行銷，晚上回到旅館沐浴後我鋪好棉被正想好好睡一覺，不料青山先生卻說：「稻盛君，我們談一談好嗎？」於是，我們倆就坐在棉被上開始談了起來。

他說：「松風工業的創立者松風嘉定是一位一流的企業家，京都的陶瓷文化以清水燒為基礎，而他把清水燒的技術提升到足以誇耀世界的水準，為電力公司生產高壓電用的絕緣體，逐漸擴大公司。

戰時，他開發了不上釉的陶器濾水管，因為他聽到當時日本陸軍在滿洲（中國東北部）戰場，為了確保安全的飲水而傷透腦筋，於是他在卡車上裝設陶器濾水管，抽取河水再以馬達加壓，讓陶器的細孔把河水過濾成可供飲用的水，讓他在戰時以開發軍需用品而大獲成功。

接著，他想乘勢追擊一舉擴大公司的規模，從礦師手裡買下了一座礦山，不料卻完全開採不到一丁點的礦物，原來被騙了！就此開始沒落，背負著巨額負債過世，松風工業也淪為赤字虧損的公司……」

這是一則教訓，有先見之明的企業家，也會因忘卻謹慎和謙虛，而輕易沒落。

青山先生以這一段話提醒我必須自重。我聽完這席話之後雖然依然積極嘗試展開事業，但絕不做魯莽無謀的投注，隨時告訴自己不能驕傲，讓公司得以維持順利的發展。

維持成功比獲得成功更難

新聞節目主持人筑紫哲也，邀請我到他任課的早稻田大學以「我的經營哲學」為題演講，不久之後收到了學生們的感想。當時活力門（livedoor）事件尚未發生，而活力門的總經理崛江貴文也曾經在同一個課程中演講，於是學生之間展開熱烈的討論：「崛江貴文和稻盛和夫，誰的經營正確？」

兩人同為企業家，一個人認為金錢萬能，另一個人卻認為重要的不是錢而是人性，在利己與利他方面，兩人也有完全相反的看法。當時，崛江貴文看起來的確像個成功者，而稻盛和夫也是一位成功者，兩個極端相反的想法，卻都在經營上獲得成功，難怪學生們感到疑惑，究竟哪一個才正確？

的確，短期間內可能看不出差異，但問題是成功之後能否長久維持？優秀、熱情又肯努力的人，卯足了勁開創事業，加上幸運靠攏，大部份應該都能獲得成功吧。但是小小的成功卻反而為害，使人變得傲慢、自負而毀壞事業，維持成功比獲得成功，難上數倍。想致富、成名、過奢華的生活、提升社會地位等動機，確實能促使人抓住一時的成功，這些動機在事業起步時或許有幫助，但是成功以後若不改變低層次的目的，想維持恐怕就沒有那麼容易了。

在經營、政治和學問方面達到成功並不偉大，能保持勝而不驕、謙虛和嚴格克己的意志，才稱得上是偉大的人。這樣的人物非常嚴謹，可能嚴謹到讓周圍的人覺得無趣，但如果不是這種「枯燥乏味」的人，恐怕無法維持長久的成功。

西鄉說，做到克己自律並不容易，但克己是支持心靈所不可或缺的。

【遺訓第二十二條】

克己，難成於事事物物發生之際，故應事先以克己自居。

〔解釋〕

在不同場合、不同情況中，要立刻做到克己並不容易，因此必須平常就積極修養克己的精神。

這一則遺訓是第二十一條的補充說明。第二十一條遺訓說道，修身必須從克服個人的欲望和邪念開始，大家聽了以後或許會想：「好，知道了，必要的時候一定照著這句話去做。」但是當情況真的發生，卻無法立刻做到。

因此，這一則遺訓說「故應事先以克己自居」，意思就是，所謂抑制自我不是用頭腦去理解，而是在日常生活中面對任何事情，都必須訓練自己，用意志來克服個人的欲望和邪念，變成個人的性格。克己的精神如果無法和自己的血肉融合成一體，一旦遭遇問題，即使想抑制自己，恐怕也很難做到。所以，平常必須不斷努力抑制自己，使訓練自己抑制欲望，成為性格的一部份。

人才非僅止於君子，時需小人方能完成大事

企業一般都偏好採用一流大學畢業和成績優秀的人，對員工也多以「成績」和「能力」為衡量基準，評價高的人才能晉升，有機會成為高層甚至總經理。

雖然能力強總比沒能力好，但只重視才能卻把人性和人格放在其次，很可能侵蝕整個組織。西鄉對用人做了以下的敘述。

【遺訓第六條】

用人之際，苛刻分辨君子小人，反為害也。自盤古開天，世間十之

七八均為小人，善察其心，取其所長而用於小職，便能使其發揮所長。東湖先生曰：「小人之才自有其用，但授予重職則國覆也。」

〔解釋〕

起用人才若刻意區分君子（有德行的人）和小人（人格低的人），恐怕反而會招致禍害。因為自有天地以來，世間的人們十個人之中有七、八個人都是小人。因此，有必要洞察小人的心思，了解他們的長處，讓他們充分發揮才能和技藝。

藤田東湖（註）先生曾經說過：「小人各有才能和技藝，自然有他們的好處，但必須注意，如果讓小人擔任位於人上的要職，則會招來覆國的禍害。」

這也是我一再說過的，採用人才時要多看這個人，不是只看能力。不過，我的意思不是說有能力的人不能用。

這一則遺訓出現了「君子」一詞，西鄉用君子來表示品德高尚、值得信賴又具有優秀能力的人。其次是「小人」一詞，可以解釋為雖然有才能但人性修養尚未成熟，並非惡人，但身為一個人還不到完整的程度。

看看我們的周圍和整個社會，隨處可見這種小人擔任領導職位。以企業為例，無論依年資升遷加薪或實力主義，都是以能力為評價，以至於發生人格與地位不相稱的矛盾現象。

本來，人格和地位應該平行，好人才能升到高職位，但現實中君子少而小人多，在這種狀況下，如果不採用小人、不分派工作給小人的話，組織無法成立，工作也無法進行。因此，西鄉說，提供場所，讓人格尚未十分完整卻有能力的人在組織中發揮，借用他們的長才是非常重要的。

即使不想用人格不完整的人，但沒有這些人就不能完成工作。洞察部屬人格上不完整的部份，思考如何運用他們的長處和能力，是身為領導人的重要職責。

【註】
一八〇六～一八五五，江戶時代末期幕府政治家，水戶學派學者，其著作帶給全國尊皇派極大影響，安政大地震發生時為救母而歿，享年五十。

領導者人選應是品德高尚的人

讓我說明決定第二電電（現在的ＫＤＤＩ）接任總經理人選的經過。

以前，電電公社（日本電信電話公社的略稱，現在的ＮＴＴ）獨佔電話事業市場時，電話費高過歐美甚多，為了降低電話費必須有企業挺身而出與電電公社競爭。在通過通信自由化法案後，我非常期待當時的大企業出面聯手投入，沒想到竟然沒有任何一家企業回應。既然如此，我鼓足了勇氣自告奮勇報名加入。

隨後，我從電電公社邀請來數十名專業能力非常優秀的年輕技術人員，以他們為中心開始了第二電電的事業。

但「日本TELECOM」和「日本高速通信」兩企業緊跟著加入，「日本TELECOM」背後有國鐵企業（現在的JR）、「日本高速通信」背後則有政府的建設部（現在的國土交通部）和豐田汽車做為強力後盾，兩者都是來勢洶洶的競爭對手，加上原來巨大的電電公社以新生的NTT盤據市場，我們苦苦迎戰這三大對手，好不容易才讓第二電電趨向成長。

後來，第二電電KDD與IDO（日本移動通信株式會社）合併組成KDDI，準備進一步向前發展時，我選擇了一位不太搶眼的人擔任接棒的總經理，他不但具備了領導人應有的「德」，而且受到公司全體員工的信賴，聲望高，完全符合條件。

其實，另外有一位才能相當出色，對公司又有極大貢獻的人，但是我並沒有選他當組織的最高領導人，不過在第二電電股票上市前就先讓他持有配股，以豐厚的金錢報酬報答他所付出的貢獻。

如本書第一章的第一條遺訓所說，「官選其能，功賜其俸」，對有貢獻的人應該給與俸祿，以金錢做為回報而不是以職位做為報答。

雖然無法只選君子而必須借助眾多小人的才能，方能使企業經營運作，也不能只因工作能力強就讓小人當上企業的領導，否則將會導致公司敗亡。因此，一定要找出有德、有信望、有高尚人性的人擔任真正重要的職位。

愛己非善也

【遺訓第二十六條】

愛己乃非善之首。修業無果、事無成、犯過而不改、成而驕，皆源自愛己之心，切不可行。

〔解釋〕

關愛自己、只為自己的好處著想而不顧他人如何，這種心是最要不得的。修行不得其果、事業不成功、犯錯不能改過、略有小成就驕傲自滿，皆因只關愛自己所造成。所以千萬不要做出這般自私自利的行為。

人認為自己最重要、最寶貴，最不希望讓自己受傷和損失；有一點能力，又能做好工作，就會誇獎自己而自滿，這些情形西鄉用「愛己」一詞來形容。

貪心想獲得名聲、地位和財產，如西鄉所說，全是基於把自己看成最重要的心理，這是最不好的。至於事業無成，也是由於以自我為中心的愛己，讓個人的思想和行動都變成「自己好就好」，而得不到他人協助。如果能把「只為自己」的自私想法改變成為對方、為員工、為公司的「利他」，則必能得到他人的信賴和協助，讓事業或人生都能一帆風順。

而且，有了「別人好自己也好」的想法，努力照著這個想法行動，相信不僅是周圍，甚至能得到上天的「天佑」，幫助我們事有所成。

【遺訓第二十四條】

道乃天地自然之物，人應遵此而行，以敬天為目的。天本視人為己，故吾等也須愛人如己。

〔解釋〕

道是天地本身自然形成，人應該遵循天道而行，把敬天視為最高目的。天本來就平等地對待所有世人，我們也應該用愛護自己的心去對待他人。

西鄉說「道乃天地自然之物，人應遵此而行，以敬天為目的」這句話中，包含了對偉大自然界的敬畏之意。偉大的天對待世人公平無私，賜給我們同等的愛，因此我們也應該做到「愛人如己」。

「愛人如己」這句話和上一則遺訓中的「愛己乃非善之首」看似互相

矛盾，事實卻非如此。這裡所指的「愛」，並不是把自己看成最重要的「愛己」，而是對所有的生靈萬物持有慈悲之愛，用這種愛心去愛他人。

行商也是同樣的道理。往往從事商業的我們，都只考慮如何為自己賺錢，但江戶時代宣揚「商業道德」的石田梅岩卻說「真正的商人相信先有對方才有自己」，說明讓對方順利發展、讓對方賺錢，才是行商的鐵則和最深的奧妙。

想賺錢，就要先讓交易的對方獲利、讓對方滿足，結果必定會回饋到自己。我認為西鄉說的「愛人如己」這句話，在從事商業方面果然非常重要。

【遺訓第二十五條】

對天而不對人，對天盡誠，不責疚他人之非，知我之不足也。

〔解釋〕

我們應該針對天而不是針對人，盡力以誠對天，反省自己對天的真誠是否足夠，絕對不可歸咎或指責他人。

「對天而不對人」在商業上也非常重要。換言之，從事商業行為時，我們應該面對自己真誠的內心，也就是行正道的意思。

日本泡沫經濟的高峰時期，不但房地產業者積極促銷，就連大銀行的分店長也熱心勸大家多買房地產，整個日本在泡沫經濟之下，買土地，土地就升值；買股票，股票就漲。銀行融資給購買土地和股票的人，賺進了大把利息，不斷勸誘顧客投資房地產和股票，使整個日本為之瘋狂。

這些醜態隨著泡沫經濟的破滅而暴露殆盡，大多數的人也遭遇到慘痛的經驗，原因就出在大家都針對「人」，而從未自問是否對天誠實、用真心思考做為一個人這麼做是否正確，是否符合道理？

當有人告訴你某種賺錢機會時，應該先想想那是否合乎道理，如果那是不流汗水、不費吹灰之力就能輕易賺到的大錢，想想那是正當的嗎？但是，當時能冷靜思考的人簡直少之又少，大家都以人為對象，急著想跟上賺錢的機會。

結果，泡沫經濟破滅，房地產和股票暴跌，大家蒙受損失而紛紛責怪他人，抱怨都是勸自己買房地產和股票的人不好，「本來我不想買，都是你一直說應該買、應該買，又說借錢給我，我才買的。」

但真是如此嗎？如西鄉所說，「對天盡誠，不責疚他人之非，知我之不足也」，應該反省的是自己不夠慎重、對天不誠才會失敗，把所有責任推到別人身上，就太不應該了。可惜，能夠把心靈提升到如此境界的人卻不多，恐怕泡沫經濟的殘影還會再度出現在我們的眼前，這就是人世。

第4章

大義

京瓷以「敬天愛人」為經營理念

「敬天愛人」是西鄉思想的原點，京瓷用西鄉晚年偏好書寫的這四個字當成社訓。

敬天、愛人，是一句動人的美麗詞句。敬天指自然的道理，是身為人所應遵行的正道，換言之，以天道行善的意思就是「身為一個人應該徹底堅持正確的行徑」。至於愛人則是教導我們去除個人的私心和欲望，在有生之年都應以「利他」之心為他人著想。

我出生於鹿兒島的藥師町，距離西鄉的家鄉加治屋町不遠。從小父母和老師就教導我們許多令鄉親引以為傲的西鄉事跡，這句「敬天愛人」也是我從小就常聽見的話。

我就讀的西田小學校長室裡有一幅很氣派的書法，寫著「敬天愛人」；我和同伴經常跑去玩的城山岩崎隧道，是西鄉結束生命的地點，那裡也有寫著「敬天愛人」的石碑。

我十三歲那年戰爭才結束，所以我受的是戰前的小學教育。當時，時代潮流逐漸走向軍國主義，但西鄉的思想讓年少的我們在心裡感受到一種超越了西洋、人種和宗教的永恆不變的道理。

如前所述，我大學畢業後到京都一家製造絕緣體的中小企業松風工業工作，可是剛進公司沒多久，公司就不斷遲發薪水，同時期進公司的同事們紛紛絕望離去，只剩下我一個人還留在公司專心研究一種特殊瓷器，也就是現在的新陶絕緣體。

後來，我與上司發生衝突而辭職，但有七個工作伙伴卻提議：「不能讓稻盛的技術就這麼被埋沒，我們一起創立新公司吧！」於是，一九五九（昭和三十四）年四月一日，我與這七位伙伴設立了京都陶瓷，即為現在京瓷的前身。

新公司成立不久，我立刻與「敬天愛人」這句話發生了命運性的重逢。

公司草創之初，負責出資並擔任京都陶瓷第一任總經理的大恩人，宮木電機製作所的宮木男也總經理，某日出差帶回了一樣東西，他一邊打開一邊對我說：「稻盛君，我為你買了一樣好東西噢，這是跟你同鄉的西鄉所寫的書法，我想你一定會喜歡。」

我一看，竟是西鄉的「敬天愛人」書法摹本，雖然不是西鄉的親手筆跡，但宮木先生祝福新公司順利出航的體貼心意，卻讓我感激得淚流不停。

我立刻把這幅書法拿去裱框掛在公司的會客室，當時借用宮木電機倉庫的二樓做為簡陋的辦公室，冬天用煤炭爐取暖，所以這幅書法早已被熏成茶色。但對我而言卻是無可取代的寶物，至今依然掛在我的辦公室裡。

當時我只不過是個二十七歲的技術員，卻突然變成企業經營者，從公司創立的瞬間開始，伙伴們就要求我下經營決策。然而，小小的錯誤都可能讓這個小得可憐的技術企業瞬間毀滅。我既不曾學過經營也沒有實際的經營經驗，究竟該如何判斷才好，令我傷透了腦筋。而且，須做出決定的個案愈來愈多。

煩惱加上煩惱，最後我下定決心，決定用孩提時代父母師長教我的「身為一個人應該徹底堅持正確的行徑」做為判斷所有事物的基準。對經營一無所知的我，只好用自己心裡根深蒂固的倫理觀來面對經營。老實說，除此之外我實在想不出別的道理，而宮木總經理送給我的書法「敬天愛人」正好映入眼簾，幫助我下定決心。

「一點都沒錯，就照著西鄉的教誨去做吧。」

從此我決定以「敬天愛人」做為京瓷社訓，我一直遵照這句話的精神緊握經營的船舵，沒有做出任何偏離正道的事情。

認清身為企業家的職責，奠定經營理念

經營企業需要大義。一九六一（昭和三十六）年，京瓷創業第三年的四月，發生了一件事讓我深切領會到這一點。

公司前年度第一次錄取了十一位剛從高中畢業的新員工，他們進公司不久的某日，一同來到我的面前說：「進公司前不知道原來公司這麼薄弱，我們非常擔心將來無法安心工作，請保證一定會定期加薪和有年終獎金，不然我們全體今天就辭職。」

他們甚至準備好了一份血印書，可見情緒極為激動。我試著說服：「剛成立的小公司不能做這樣的承諾，但是讓我們同心協力讓公司發展下去。」

他們絲毫不肯讓步，回答說：「我們也要顧及生活，需要將來的保證。」於是我把他們帶到家裡對坐談判，那時我和家人住在京都嵯峨野廣澤池附近一間小小的市營出租公寓，我們在那裡談了三天三夜。

「雖然我不能保證將來，但是我一定會為大家做最大的努力，相信我！如果我做出任何違背諸位信賴的事，儘管殺了我吧！」直到我說完這句話，他們才都含著淚點頭。安撫了這件小反叛行動，我鬆了一口氣，但那天晚上我卻無法入眠。

父親戰前曾在印刷店當學徒，等我稍微懂事的時候，父親已經在鹿兒島市內開了一家印刷廠，經營情況還不錯。但一場空襲炸毀了父親的工廠，所有印刷機都燒成灰燼，父親喪失了工作的意願，由母親含辛茹苦養育我們七個孩子。為了幫助我進大學，哥哥放棄上大學的機會，妹妹高中輟學。

我到京都就業以後，雖然每個月都寄錢回家，但金額微不足道，想我連親兄弟姊妹都照顧不好，公司又才剛開始，卻不得不為了素無因緣的人的生活，拿自己的生命做賭注。這麼說也許很失禮，但我卻忍不住想說企業經營簡直是莫名其妙。

原本，我把京都陶瓷的成立看成是稻盛和夫的技術問世的機會，是各方人士贊助支援所成立的公司，因此我想雖然名為經營者，但實際上卻以技術員的身分繼續開發研究，把實現新技術的夢想當成公司的目的。然而，這個理想卻被打碎，曾幾何時公司的目的變成了不得不守護員工的生活。

為此，我鬱悶、煩惱，「如果我一意追求技術上的夢想，很可能會犧牲員工，畢竟守護員工和員工家庭的生活，讓大家幸福才是公司應該列為最優先考慮的，不是嗎？」

當我開始有了這種想法，掛在公司會客室的那幅「敬天愛人」正靜靜朝下望著我，好像西鄉在告訴我「愛護人是最重要的啊」，終於我擺脫煩惱，下定決心以「追求全體員工物質上和精神上的幸福，同時為人類和社會的進步發展做出貢獻」做為公司的經營理念。既不為技術員的理想，也不為經營者的私心，而是為了職員和所有世間的人們所確立的大義。

自從有了這個大公無私的經營理念，京瓷全體員工的目標箭頭朝著同一個方向，團結一致完成了技術開發和事業多元拓展，讓理念成為企業發展的原動力。

領導人應該明確指出集團的方向，奠定具有大義的目標，獲得職員的認同，並建立一個讓全體員工都打從心底樂意合作的集團。這是領導人重要的職責。

耍弄權謀所獲的成功不會持久

近來，隨處可見忘卻大義，一味追求自我利益而玩弄權謀的事例。西鄉曾經述說如下。

【遺訓第三十四條】

計策非平日所用之物也，以計行事終不得善果，唯有戰時方需計謀。平日若多使計謀，戰時則智窮無策。孔明平日不用計，故戰時屢出奇計奏功見效。吾撤離東京之際語弟曰：至今未曾用計行事，不留污濁足跡，汝須細看。

〔解釋〕

計謀最好不要在平常使用，就結果而言，用計謀不但不好，而且一定會後悔。不過只有戰爭的情況例外，戰時不能不用計謀。假如平時多耍心機，一旦發生戰爭，則會智窮而不得好對策。例如諸葛孔明平時不濫用計謀策略，令人難以捉摸，因此陣前作戰才會屢出奇計大獲成功。我離開東京時曾經對弟弟（西鄉從道）說：「我從來不耍計謀，不留任何污點，你好好看清楚。」

企業無時無刻不處於激烈的生存競爭中，有人視為戰爭，也有人說是「弱肉強食」。然而這種觀點潛伏著一種想法：為了活下去，怎麼做都行，視狡猾卑鄙的手段為正當，錯在於輸的人本身。

但是，我完全不這麼想。企業，確實需要戰略和戰術。描繪公司的願景、擬定研究開發的方針、決定傾力於什麼製品和事業、達成目標必須採取的行動，這種戰略和戰術是必要的。

但實際上卻有不少人盡想著如何打敗競爭對手、壓倒同業讓自己高高在上，用如此狹隘的眼光來推敲計策。不過，倘若與競爭對手處於「不是你死就是我亡」的激烈狀況，也就是西鄉所說的「戰爭狀態」，就必須使用計策吧！

不過，比對付其他公司更重要的，不是應該先專心一志為自己的公司發展而努力嗎？

如果經營領導人率先光想著如何絆倒對手，或如何欺騙對方，獲得甜美的利益，這種公司絕對不可能繼續發展，必然會有摔倒的一天。

要弄權謀所獲的成功絕對不可能長久，某一方使用計策，另一方必然不甘屈於下風而使用計謀。在背後算計他人，自己的背後也必定會遭受算計，即使獲得表面上的一時成功，想必對手正虎視眈眈著手策動復仇雪恥之策。雙方互相猜疑，不給對方一絲縫隙，使得原本有良識和敦厚良知的人，內心不得一刻安寧。

這個世間真的有喜歡用狡猾智慧耍弄心機的人，這種人總是想著如何算計他人、左右逢迎、臉上帶著微笑卻踩著人往上爬，一點都不感到愧疚。我們千萬不能被這種人影響，所謂「天網恢恢，疏而不漏」，這種人當然不可能永遠得意。

只要拚命努力做自己應該做的，不要管別人如何，徹底堅持以誠行事就是所有的結論。

【遺訓第七條】

事無大小之別，至誠以待，切勿行詐。為解難事而心生苟且，事後必有後顧之憂。正道看似迂迴，先行者則早成。

〔解釋〕

事情不分輕重大小都應以誠相對，絕不可用虛假的計謀。面臨困難、障礙，很多人可能會想，總之先用點計謀過關，克服了障礙再用心努力就好，但必須知道用計謀行事之後，必然會因此而擔心害怕，結果仍然失敗。行正道看起來似乎繞遠路而行，但率先行正道的人必先抵達成功。

西鄉所要傳達的是「不可盡想用計謀達成目的，必須用正直的心慎選方法與手段」，用計謀、策略也許會一時順利，但絕不可能長久。

另外，也有人說「為達目的不擇手段」。實際上當工作或人生被逼到緊要關頭時，即使良心感到不安，也很可能會想「這麼做還不至於太過分吧」

而允許自己做出壞事。更極端的話，甚至會自欺欺人用「只要結果好，一切都好」的說法來說服自己。但是，無論何時何地面對任何情況，誠懇地走正道才是唯一的選擇。

隨時自問「動機為善或為私？」

建立現代政治學基礎的義大利政治哲學家，馬基維利（一四六九～一五二七）在《君主論》中論及掌權者的統治手段。由於馬基維利根據現實主義而把倫理、道德等理想主義排除於政治之外，因此他的理論被評為「為達目的不擇手段」的權術主義。

相對的，英國哲學家詹姆士・艾倫（一八六四～一九一二）在《我的人生思考》中提出，唯有「純粹的心」才是把人與社會引至良好方向的偉大力量。

事業與政治也是同樣的道理，往往有資金、地位又有才能的人費盡心思擬定企劃和戰略，卻難以如願進行。反之，出發點非常單純，純粹想開始進行某事物的人，反而在不知不覺間獲得出乎預料的成功。純粹而美好的心和純真的想法具有不可思議的力量，如詹姆士．艾倫所說，獲得偉大成功的人往往都出自於純粹的心。

我個人也相信，身為領導人的第一要件，應該是詹姆士．艾倫所提出的純粹的心，而不是馬基維利的權術理論。金錢、地位、權力和策略在毫無污點、真誠的志向面前幾乎完全無地自容，歷史足以證明這點。真正的偉業必須是出自清高、純潔的思想，和多數人的合作才能達成。

【遺訓第三十八條】

世人所言之機會，多為僥倖，真實之機會，在盡理以行，審勢而動。平日非憂國憂天，乘勢所得之事業，難保永遠。

〔解釋〕

世間一般人所說的機會，大部份都是僥倖或偶然到手的幸運。真正的機會應該是看清時局而依道理而行。平時沒有為國家社會憂慮的誠心，只因趕上趨勢而獲成功的事業，不可能維持長久。

如前文所述，第二電電（現在的KDDI）加入通信事業的原因，乃是為了排除電電公社（現在的NTT）的市場獨佔，降低國民的通信費用，而有必要導入市場競爭原理，出發點在於「大義」。「信念能粉碎堅石」這句話說得一點都沒錯，當我向Ushio電機企業的牛尾治朗、Secom保全企業的飯田亮、Sony的盛田昭夫等人請教意見時，他們對這次挑戰巨大NTT的事業都表示贊同而說：「讓我們拚一次吧！」結果，包括大型商社在內，總共獲得二百五十家公司出資贊助。

從構想到獲得贊助的半年之間，每晚睡前我一定捫心自問：「動機出於善念而沒有半點私心嗎？」

稻盛和夫啊！現在你要做的這件事，真的是為國民著想而決定的嗎？難道不是以冠冕堂皇的名義，想藉此機會擴大京瓷，或為個人賺錢的私心才要做的嗎？

這段期間，我不斷嚴厲追問自己，終於得到了足以用良心發誓「沒有半點私心」的結論，才下定決心執行。但第二電電設立初時，既無通信的技術和經驗，也無任何架設光纖系統的途徑。我只好到國鐵部向總裁求援，希望國鐵部架設光纖線路時，能一同架設ＫＤＤＩ的光纖系統，當然費用由ＫＤＤＩ支付。不料卻被冷淡回絕，接著我向道路公團求援時，也遭遇到相同的結果。於是我們不得不走遍日本列島，在山區蓋鐵塔，架設無線電磁波天線，用自己的技術構築起無線電訊連線系統。

當時，加入電信競爭的各個新組織當中，被視為條件最不利、最可能倒閉的第二電電卻是唯一的生存者，而且發展成今日的ＫＤＤＩ，成為唯一能與ＮＴＴ集團對抗的通信事業集團，今後也將繼續興隆發展。我們努力的成果證實了西鄉這句「平日非憂國憂天，乘勢所得之事業，難保永遠」，我的信念在「為國民著想」的大義之下，也絲毫不曾動搖。

順道一提，我雖然是第二電電的創業者，但第二電電的股份我連一股都沒有。當時如果我持有股份，那麼股票上市後我一定會成為巨富，但是在我思考「動機為善或為私」這個問題之後，不能允許自己這麼做。假如我忘了當初創業的志向，只求私利私欲而用小聰明和策略行事，也許ＫＤＤＩ就不會有今日的發展。捨棄私心、純化志向，命運的女神才對著我微笑。

挑戰新事業，失敗的情形多，只有極少數才能獲得成功。事成與否，我相信完全取決於是否有純粹無私之心。

第5章

大計

未加深思的政策讓國家陷入險境

日本這個國家和所有的日本人，今後該何去何從呢？雖然有富足的物質生活，卻如同在汪洋大海中的一片枯葉，漫無目的，隨風漂流。

日本國內的人口已經日趨減少，變成少子高齡化的社會，這種現象如果持續進行，將會造成勞動人口減少，GDP（國內生產毛額）下降，影響到國家的年度收入。現在政府面臨巨額的財政赤字，若不做出任何改善，即將為日本帶來國家破裂的危機。

放眼國際情勢，中國、印度等新興勢力正快速發展，不斷改寫世界經濟的構圖。冷戰結束後的世界，美國以壓倒全球的軍事力量維護世界秩序的構造，卻因美伊戰爭而顯現美國的倫理觀不足以代表全世界的正義。

因此，我們必須構築適合新時代的新世界觀，日本人在今後的世界舞台想定位於何處？又該朝何處前進？這些方向決策必須早日得到解答，刻不容緩。同時也是我們每一個人和我們的下一代最須迫切解決的問題。

維新時期，如「去舊立新」這句話所說，從幕府末期到明治時期的時代大轉換，既有的權勢盡失，代之而起的是刷新的價值觀和秩序。以西鄉為中心揭開了維新的序幕，但接管政權的卻是大久保利通和伊藤博文等人。倉促組成的新政府，不得不在短期間內建立新的國家制度，西鄉眼見新政府暗中摸索、慌亂出牌的情況，提出尤其是開啟序幕的時刻，更須制定明確方向的主張。

【遺訓第二條】

賢人百官不合，互不同途，無國體定制，則用賢人，開言路，亦難取捨眾人之見，至事業雜駁無成，朝令夕改，皆於此因。

〔解釋〕

如果不能讓賢能的官員團結合一，訂出共同的政權方針和國家體制，那麼即使起用了許多有能力的人，也開放了對上提出建言的大門，終究無法從眾人的意見當中做出適當取捨，結果因缺乏一定的方針而讓所有工作各行其是不得統一、政府行政也朝令夕改。

西鄉感嘆，日本正值重新建構的關鍵時刻，卻沒有明確的國家架構和未來的願景。缺乏大計的情況下，即使是優秀的官僚，也無法將國家帶往好的方向。

建設國家不能以一年半載的短期眼光，而需要「百年的國家大計」。換言之，日本這個國家在一個世紀以內，應該有一個明確的方向指標，所有的施政都必須以這個目標做選擇淘汰。

了無大計、缺乏深思熟慮、一時對症下藥的施政，只會把國家的未來帶入險境。這句話對現代的政治同樣重要。

提出明確的未來願景

把話題轉到企業經營，同樣的，總經理或經營領導人想把公司帶領到什麼樣的境界，就必須把視野擴大到十年後、二十年後，規劃出明確的未來景象，讓員工們充分了解。

話雖如此，但基於依年資升遷加薪制而一路爬升、最後幸運登上總經理寶座的藍領出身領導人，大部份都為了平安度過為期兩年或四年的總經理任期而說：「繼承上任總經理的方針。」

當然，承接上任總經理的方針不見得都是不好的，如果那是非常明確的願景、極為重要又值得繼承的話，當然應該繼續執行。但上任總經理的方針如果模糊不清又曖昧，新任總經理一開始就應該清楚指出公司未來的方針。

總經理換了人，公司卻絲毫沒有改變，這是一件很奇怪的事情。新任總經理上任卻沒有新作為，那麼讓這個人當總經理簡直沒有半點意義。總經理的人格會投影到公司組織內而影響到公司的發展，傾注總經理個人所有的力量，促進公司組織的活性發展是總經理的責任，不能達到要求的人就不夠資格當總經理，即使當上總經理也毫無意義。總經理之所以獲取高薪、年終獎金和優渥的退休金，都是因為總經理的職位責任重大之故。

讓我們把話題帶回政治，西鄉認為，國家的根本在於「文」、「武」、「農」，這三項必須優先於其他任何施政項目。

【遺訓第三條】

政之大體在於興文、振武、勵農，其他百務皆為輔助此三者之物也。此三者之間因時勢或有先後之別，但絕不容許落於其他之後。

〔解釋〕

政治的根本在於普及教育振興學習風氣、整備軍事強化國家自衛能力和獎勵農業安定民生，其他方面的施政都是為了協助這三項根本。這三項根本可能因時代變化而有先後之分，但絕不能優先其他政策而把這三項根本列為其後。

我認為這是同樣適用於現代政治的大原則。

當時「興文」之意，指的是教導兒童讀、寫、算盤，以及向西歐學習近代科學。即使到了現代，振興教育、科學技術和藝術文化等，依然是重要的國家課題。

至於西鄉所提的「振武」，我認為不是指侵略性的軍事，而是為了保護本國的自衛能力。當時西歐列強競相進行殖民政策，亞洲的弱小國家紛紛淪為被統治的立場，在這種情勢下強化本國的自衛能力不但理所當然，而且在歐美列強的軍事威脅之下，守護日本的主權更是刻不容緩。

現在，日本是一個放棄戰爭的和平國家，提到軍備武器難免會令人感到不安，但為了保護自己的國家，即使是現在的日本也應該重視軍備問題。但是，保衛國家光靠武器是不夠的，與世界各國建立和平互助的關係，用以德為出發點的外交政策，贏得世界各國的信賴和尊敬，建立一個有尊嚴不受屈辱的日本，才符合「振武」在近代的意義。

關於「勵農」，由於當時農業是國家最大的產業，所以在現代可以解釋為所有的產業。振興產業是政治的重大課題，在任何時代永遠都不會改變。

國家領導人應明示日本的大計

十一世紀北宋大詩人蘇軾的父親蘇洵，是一位偉大的學者，他曾經以「夫一國以一人興，以一人亡」，一語道出人類的歷史等於是領導者的歷史，因此我們更應該要求國家的領導人，向國民清楚提出國家應該進行的方向和目標。

【遺訓第八條】

廣取各國制度，圖開明之際，應以宣揚吾國本體風教為先，繼而斟酌他國之所長。

本末倒置將致國體衰頹，風教萎靡難救，終而受制於他。

〔解釋〕

引用海外諸國的制度，藉以開化日本文明之際，首先應該認清我國的本質，振興本國的風俗文化教養之後，再逐漸引進外國的長處。本末倒置，一味追隨外國，只會讓國家衰退，風俗敗壞而難以挽救，最後淪為被外國控制，陷入國家滅亡的危機。

不只是國家元首，甚至我們每一個人都應該要「認識自己的國家：日本」。

這個國家是如何成立的？我們的祖先以何種生活方式建立起這個國家？這段路途有偉大之處，但也曾經犯錯，我們應該更深入了解自己的國家所走過的軌跡。

反觀，現在國內的教育對日本本國的詮釋，實在令人感到汗顏。正因為我們生活在國際化時代，更須站在實在的歷史上，否則日本人在全世界將會變成「無根的野草」。對於日本成立的過程，特別是近代日本在全世界的定位問題，應該在學校教育中確確實實傳達給孩子們，才能讓下一代思考日本將來該走的路。

但現在連討論這種根本的問題都用躲避的態度，漫無根據地高喊「改革」，卻連自己的國家應該如何立足都做不出確實的說明，我不相信這種做法能與外國保持良好的關係。

西鄉冷靜觀察西洋文明而做了以下說明。

【遺訓第十一條】

文明一詞，乃正道廣行之美稱，而非指宮室之莊嚴，衣服之華美，外觀之浮華。世人於文明與野蠻之區別，全無所知。吾曾與人論議，吾曰西洋野蠻，而人曰否。吾問西洋若為文明，對未開之國應以慈愛為本，開諭教化，但事實卻圖己利而殘忍以對，野蠻矣。人無言以對。

〔解釋〕

文明一詞的真義，乃是對正道廣為流傳的稱讚，而不是指富貴堂皇的宮殿和身上光鮮耀眼的服飾這類外表豪華、內在空洞的東西。細聽世人口口聲聲所論，根本沒有分清楚什麼是文明，什麼是野蠻。我曾經與某人辯論，我說西洋是野蠻的，但對方反論說不。於是我問，西洋人如果真的文明，豈不是應該對未開化的國家施以愛心教化嗎？但事實上西洋人為了求取自身的利益，而以殘忍手段壓榨未開化的國家，這明明就是野蠻的行徑。對方聽完果然回不出話來。

由此可見，西鄉所言「文明」之意，乃是具有完善制度和優良道德的理想社會。

當年，美國的培里黑船艦隊開進浦賀港（神奈川縣），威脅日本停止鎖國政策、開放自由貿易以來，歐美的文明快速進入日本，接踵而至的是基督教的傳教士。充滿基督博愛精神的西歐文化對當時的日本人來說，一定稀奇又耀眼吧！但西鄉卻沒有漏看歐美列強之間互相競爭霸業，以武力征服未開化國家的歷史。不過，西鄉也沒有因此而完全抹黑西洋的文化，而以正確的判斷力坦誠接受西洋的法律制度、教育系統等優良之處，但反對盲目地全盤接受西洋的一切。

【遺訓第十二條】

西洋刑法以懲戒為主，引人向善，禁苛酷刑罰。故獄中之囚可閱勸善之書，可與親族友人面會。昔聖人設刑，乃出於忠孝、仁愛以防人犯罪，乃真文明也，但實則是否如今日西洋之所行，尚無可考。

〔解釋〕

西洋的刑法以懲戒為根本精神，引人向善，禁用苛刻的刑罰。因此，對待犯罪入獄的囚犯，以溫和的態度給予能啟發人的書籍，依罪名輕重允許親友探訪。為了防範人們犯罪，古往聖賢以忠孝、仁愛之心設定刑罰。至於實際上的做法是否和現在的西洋相同，我還沒有看到相關的文獻。總之，在刑法這方面，西洋的做法是文明的。

當時，日本的牢獄只偏重折磨犯人，讓犯人受盡痛苦而沒有教導犯人悔悟向善的想法。雖然西歐也有酷刑，但在理念和制度上都比日本先進。也許是因為西鄉曾經被流放到孤島，腦裡那段悲慘的記憶讓他有感而發吧。

但是，當時明治政府的官僚們，卻沒有看出西洋文明中博愛的精神，反而在人道方面做出許多倒退的行為，眼見這些為政者的所作所為，令西鄉為國家的存亡憂慮不已。

【遺訓第十六條】

失節義廉恥，為失國之道，西洋各國亦然。上與下爭利而忘義，下仿之，人心趨利，卑吝漸長，失節義情操，父子兄弟為財相爭而敵視。淪落至此，何以治國。德川強壓將士殺意而治世，今卻須喚醒戰國時代之猛心，否則無法與列國相對峙。德法之戰，法軍三十萬，糧三月，卻自願降伏，精於盤算而見笑於世。

〔解釋〕

喪失節義道德之心，絕對無法維持國家，西洋各國也相同。上位者對下如果只知求取利益而忘卻正道，則上行下效，下位者也將利慾薰心，卑鄙的心緒日漸增長，終失去節義情操，連父子兄弟都會為爭奪財產反目成仇。一旦淪喪至此，還能拿什麼來治理國家呢？

德川家康鎮壓了兵將們的勇猛戰意而安定天下，但現在如果不發憤圖強，比戰國時代的猛將更為勇猛，恐怕無法對付世界諸國。德法之戰（一八七〇年七月～一八七一年五月）時，法國軍隊明明有三十萬兵士和三個月的存糧卻自願投降。法國的精打細算，反而受到世人嘲笑。

明治新政府推翻了江戶幕府時代的封建社會，執行廢藩置縣制度，建立起中央集權的新國家，長久以來的士農工商身分制度崩解，武士失職，揭開四民平等的理念。其中有些武士們從商或就農，有些舊藩主卻因誤判時代潮流而失去財產和地位，流落街頭，落魄而終。

大混亂之中，不論身分地位，上下皆露私心而爭財奪利，那個時代，人的節義廉恥已經被消卻殆盡，跟現代簡直一模一樣。

我認為，現在這個時代跟明治時期一樣，都是面臨重大改變的緊要關頭。時代正發出巨變的聲響，我們更應該停下腳步，竭盡心力共商國家未來大計。

我認為，日本應該運用已經十分富足的經濟能力，對其他國家以德相待。換句話說，以建立「富國有德」的國家為目標。相較於明治以來一貫的「國際競爭」，日本不應該再以軍力或經濟力量一較長短，目前排名世界第二經濟大國的日本，應該認真思考如何與世界其他民族和諧共處，為世界和平擔一己之任。

今日，面對地球資源有限、環境污染等人類存亡的嚴重課題，日本身為先進國家，享有富裕，竟然還以經濟成長為目標，令我十分質疑。況且，日本是四面環海的島國，應該有自知之明，唯有與其他國家協調合作，才能維持生存。

放眼世界，還有許多國家為了脫離貧困，而不得不把經濟成長列為國家的最大目標，但這些國家隨著經濟成長所消耗的能源和資源必然是膨大的，也必然會隨著經濟成長而加深環境污染。因此，已經提前一步達到富裕的日本，不應該再恐懼被趕上或超前，把本國的經濟成長當成至高無上的主義。

今後，日本人所需的生活，應該是釋迦牟尼佛所說的「知足」。當然，不是說從此安享祖產，不再努力。以經濟為例，即使ＧＤＰ總額不變，但因為有新產業淘汰舊產業的新陳代謝現象，就不必擔心大餅沒有增加而失去健全的動力，我認為這是我們應該進行的方向。

保持充沛的經濟活力，加上以「德」為根基的國家政策，與世界各國協調共存、互助合作，不正是我們最應該做的嗎？而且，我相信以德施政的國家，必然會成為深獲世人尊敬和信賴的國家，能為日本鋪陳美好的未來。

中國的《易經》有一句「積善之家必有餘慶」，意思是累積善行的家庭必然會有好報。同樣的，如果日本以一國之姿積極努力行善，相信必然會成為解決外交難題的助力，為日本帶來好的結果。

讓世界諸國對日本的評價好轉，不但能解決通商貿易問題所產生的摩擦，與中、韓之間的不和，甚至戰後一直未能解決的領土問題等懸案，都能因此而獲改善。基於此，我認為以「德」為根基的國家運作，才是日本最有效的安全保障政策。

第6章

覺悟

「不要命、不求名與官位財富者」

【遺訓第三十條】

不要命、不求名與官位財富者，難以處置。但此等人物方能共患難，成大業。凡俗之眼不識英雄，如孟子曰：「居天下之廣居，立天下之正位，行天下之大道。得志與民由之，不得志獨行其道。富貴不能淫，貧賤不能移，威武不能屈……」問此為受仰人物否，翁答，正是如此，非道者無此氣象也。

〔解釋〕

不要命、不要名、也不要官位或金錢的人，很難安置。但必須是這等人物才能患難與共，成就國家大事。一般人的眼光不識英雄，如孟子所說：「人處於廣大天下，在正確的位置上行正道。得志的話，必須與國民共行正道，不得志的話，一個人也能以正道而行。財富與地位不能污染其心志，處於貧窮與低下身分也不灰心喪志，更不因勢力逼迫而降伏……」弟子問，這等人物才是受到景仰的男子漢嗎？翁答，確實如此，不能真正遵行天道的人，是無法表現出這種精神的。

「不要命、不求名與官位財富者，難以處置」這一段話，用來形容西鄉可說再貼切不過了。西鄉是一位無私的人，把自我變成「無」，而所謂「無私的人」意即不要命、不要名、也不要官位或金錢，也就是脫離欲望的人。

對待有欲望的人，可以用金錢或官位輕易左右他，但是沒有欲望、不為利害所動的人，卻不知該拿他怎麼辦才好。究竟如何才能讓這種人物為之所動呢？我想唯有誠、仁、義才能感動他們。西鄉接著說，只有這等人物才能共患難、克服困難，成就國家大業。

我年輕的時候，非常喜歡「不要命、不求名與官位財富者」這句話。雖然我不可能成為這樣的人，但一直在口中反覆念誦，希望自己會是這樣的人。同時，我也希望一起創立新事業、可以信賴的伙伴也會是這樣的人物，但實際上卻很難遇見。

記得京瓷剛創立不久，中途採用了一位稍微年長的人，由於京瓷還是中小零細企業，所以我對他說：「請你做的是很單調又會弄髒自己的工作，但是我有理想，精密陶瓷一定會成為日本產業不可或缺的材質，我需要優良的加工技術，所以請你來……」我愈說愈激動。而那個人大概也是容易動情的人，他回答：「這是個偉大的理想，我們一起努力吧！」

此外，每次的酒宴中，他總是如口頭禪般說著：「為了總經理我連命都可以不要，總經理叫我死，我隨時都願意死。」他長我五歲，說出這麼有勇氣的話支持我，一時讓我覺得很可靠，找對了人。但不知道究竟是何原因，他卻突然說辭就辭職了。

於是我想，嘴上說說的人畢竟不是真正的人物，不過當我讀到遺訓中「凡俗之眼不識英雄」這一句時，又對自己不能洞察人心而感到慚愧。

誠如第一章介紹的第一條遺訓所說「居廟堂者，以天道為政，不容私心」，指出捨棄私心，脫離私欲，無私的自我，是從事國政和所有站在領導地位的人的先決條件，其中第三十條遺訓則是把這項條件進而描繪到最高的理想境界。

看現在的政治界，具有無私精神，果真連性命、名譽、財產都不要的政治家，究竟有幾個人？為政治不惜搏上性命，甚至失去大半財產，只剩下破井殘垣的政治家，都到哪裡去了？隨人口減少和高齡化社會而生的年金和醫療保險制度危機、學童的學力程度低下、兇惡犯罪率增高等等，政治難題堆積如山，我們需要的不是臨時治標的方案，而是放眼將來的根本對策，如果再不出現如西鄉所說深具大無私精神的領導者，日本恐怕無法存活到下一個時代。

剝削國民財富是本末倒置

日本的財政正瀕臨破產的危機，包括地方財政，國家負債總額超過一千兆日圓，而且還在不斷增加。「過去的延長線上沒有未來」，如果再不認真進行改革，很快的，這個國家真的會淪落到無藥可救的地步。

有一則遺訓，希望負責重建財政的官員反覆咀嚼領會。

【遺訓第十四條】

百般事業皆由會計出納制度而生，為治國之中樞，非謹慎不可。大體申之，唯量入為出別無他法。以當年之歲入制限百般，故會計總理者非守制不可。若屈於時勢而反之，入不敷出，則加取國民心血。如此，事業似有所進，實則國力疲弊而難救。

〔解釋〕

國家會計出納的工作是所有行政的基本，所有的事業都依財政預算而成立，是治理國家最重要的一部份，不得不慎重。大體上來說，除了量入為出之外，沒有其他方法。根據一年的收入定出所有事業的限度，是管理會計的人拚了命也要遵守的。如果屈服於時勢而放鬆限度，把支出列為優先，那麼為了確保相對的收入，只好向國民課取更重的稅金。如果真的這麼做，也許可以讓事業一時順利進行，但實際上卻讓國力衰退，難以挽回。

西鄉說明，會計應該做的就是量入為出。這本是理所當然的道理，卻理所當然地受到忽視，這是造成今日日本國家財政危機的元兇。因此，我要大聲提醒國家經營中樞的會計部門，應該向西鄉學習。

現代國家的會計與民間的企業會計大不相同，目前國家財政採行單年度決算，不容許年度餘額轉入次年度，換句話說，該年度通過的預算就必須在當年全部用光，不能有剩餘，這是非常不合理的會計制度。

雖然政府近年開始製作類似借貸對照表的文件，卻沒有清楚標示收入內容和擁有哪些資產，而且財政部完全沒有誠意公開數據，好讓國民了解國家的財政狀況；另一方面，卻要求民間企業，即使是年營業額已達數十兆日圓規模的企業義務公開所有詳細的經費報表。

官僚、政治家們說：「肩負福利、國防等重大國務的國家經營不應與企業經營相提並論。」但是，等等！無論是福利還是國防，都會因收支不平衡而癱瘓，事實上，年金制度現在不是已經走到崩潰邊緣了嗎？

結果，只能用增稅的方法把國民置於俎上。加速進行的少子高齡化的社會現象，給社會福利保障費用帶來龐大負擔，需要有效的對策來解決問題。關於稅金，明治時代的西鄉看法如何呢？

【遺訓第十三條】

減租稅，使民富，乃國力養成之道也。國事多端，財用困苦尤須嚴守租稅定制，損上而不虐下。觀古今，無道之世，財用不足必出汙吏黠胥，不擇手段斂財以補一時之缺，反被讚為理財良臣。虐民惱民，民苦而不信，自然仿其行而逃，上下互欺，官民敵視成仇，終分崩離析。

【解釋】

減少課稅，讓國民的生活充實富裕，才是培養國力的正確方法。儘管國事萬般皆須倚賴財政，但財政拮据時，更應該遵守既定的課稅制度，寧可叫上層的人忍耐也不能欺虐下層的人。看看古往的歷史吧，那些道理不清不楚的時代裡，一旦發生財政困難，必然會有狡猾的官員用卑鄙的手段強行徵稅，解決了一時的財政困難，而被讚許為善於理財。由於官員不擇手段折磨國民，導致國民難於忍受不正當的課稅而編出謊言逃稅，結果上、下都用壞腦筋互相欺騙，官員與國民之間互相敵視成仇，最後讓國家走向分離。

不分古今中外，國家面臨財政拮据時，幾乎總是想先用增稅的方法解決。但西鄉說「嚴守租稅定制」的含義即是，稅金不應隨著時勢而突然調高或降低，課稅制度是根據維持國家與地方政府所需之必要經費而計算制定的，不能僅僅為了財政緊迫的理由，就任意更換調動。

自古至今，每遇財政不足則必有聰明狡猾的人出現，恣意調整稅率強迫徵稅。眼見這般情景的國民，當然不甘心支付稅金，而演變成互相欺騙，導致國民與政府之間漸而互不信賴。

我想，經營企業的人可能都遇過這種情形吧！稅務局的人經常來調查公司的帳務，他們總是會找出一些理由來多徵收一點稅金，連負責公司稅務的法定會計師也說：「稅務局官員來查稅時不會空手而回，一定會帶點紀念品回去。」

會計師言下之意，是要我們故意讓稅務官員找出一點小毛病，因為以稅務調查的名目而來，如果沒有發現任何問題，不能多加徵一毛錢，對官員來說是很沒面子的，所以必須用點心思讓稅務官員有功而返。

大部份的地方稅務員都沒有實際的經營經驗，而他們的上司，也就是地方稅務處長也是通過國家公務員考試，進中央政府財務部工作後被分派而來，年紀不過三十左右的得志青年，卻支派這些幾乎與自己父親同年代的稅務員來查稅。換句話說，在日本握有徵稅實權的地方稅務處長，完全不知民間疾苦，不了解百姓是如何以辛酸血淚，拚命努力才能獲得微薄的利益。

現在日本的國家財政問題確實非常嚴重，但居然有人膚淺地說，既然增稅不可避免，那麼從企業徵收更多稅金不就得了。殊不知企業的利益是苦思創意、流盡汗水才點滴累積而成，殺了生金蛋的雞，還能繼續得到金蛋嗎？

「國富」的意義究竟是什麼？現在日本政府有的只是龐大的負債，雖然我並不清楚國有土地、森林，和地方官屬建築物的詳細數量，但這些只能算是國富極微小的一部份。

「國富」指的應該是我們國民所擁有的「富」，隨著國民的「富」增加，國稅才能隨之豐腴而滋潤我們的國家，欺虐國民榨取民富來運營一個國家的做法，簡直是自我侵蝕。

政府歲收不足，必定有人會提出增稅的意見，但如西鄉所說「減租稅，使民富，乃國力養成之道也」，努力讓國民致富，讓國家得到真正的豐沃，才是確立稅率制度的意義。

甚至國防，西鄉也認為應該在會計範圍內進行，千萬不可虛張聲勢。

【遺訓第十五條】

常備兵數亦應受會計所限，不許憑空而張。鼓舞士氣成精兵部隊，兵寡亦不畏折衝欺侮。

〔解釋〕

關於常備軍隊兵士人數等國防戰力問題，也必須在會計制定的範圍內處理，絕對不可逞強擴充軍備。如果平時就能建立士氣高昂的軍隊，即使兵士人數少，與外國發生衝突或任何須保衛的情形下，也不至於讓國家受辱。

當時正值蘇俄軍隊南下，從朝鮮半島對日本虎視眈眈，加上美、英等歐美列強率領艦隊，強逼日本開港通商，在此情勢之下，增強軍備乃當務之急，刻不容緩。

輿論慷慨激昂地主張日本國防應該做好萬全準備，即使舉債也應該強化國防，但堅守信念的西鄉卻反論說，的確有強化軍備的必要，但必須在會計預算和財政允許的範圍之內，如果只為了壯大聲勢而擴充軍備，反而會讓國家誤入歧途。西鄉強調，即使兵士的人數不多、軍艦不足，但只要培養成士氣高昂的精銳部隊，就能保衛日本不受強國欺凌。

西鄉的體型外表，容易讓人誤解他是個血氣方剛、容易衝動的人，但事實上他行事謹慎，從外表很難想像他的思維是如此纖細，行事謹慎又有分寸，正如古諺所說「連用堅石造成的橋都要敲兩下，確定不會有閃失才安心過橋」。

公務員是國民的公僕

【遺訓第三十一條】

行正道者，不懼天下世人群之毀矣，亦不喜天下世人群之譽矣，自信之故也。熟讀韓文公伯夷之頌得其信。

〔解釋〕

遵守正道的人堅信自己的信念，即使遭受全國人的毀謗也不抱怨；受到全國人的稱讚，也不會志得意滿。想成為這等人物，應仔細閱讀韓文公的伯夷頌（伯夷、叔齊兄弟為守節寧可餓死之章），自然會形成堅定的信念。

秉持正道行政的人，不管受到國民的指責或稱讚，都不至於忽喜忽憂，依舊堅信道義信念，繼續專心為民服務。說得更清楚些，這乃是身為國民公僕的官僚和公務員應該遵守的為民服務精神。

官僚，也就是公務員究竟為誰工作？公務員本來的職責，不是應該以公僕的身分代替國民行政，為國民著想，讓百姓得以安居樂業嗎？

但是，日本的社會自古以來即有根深蒂固的「政府為上」觀念，認為官員是「為國家工作」，以至於為了國家可以犧牲國民，讓本來受國民之託、負責國家運作的行政官員產生錯覺，誤以為自己是在統治國民。

事實上，公務員服務的對象不是國家，而是百分之百應該為民服務。行政官員從制定完備的法案、制度到實際執行，都應該以「這麼做對國民有益處嗎？」做為唯一的判斷基準。

中國歷代的王朝，以貞觀之治最為太平，唐太宗因而被稱為中國史上最偉大的明君。貞觀時代與日本聖德太子的時代相近，當時記錄太宗政治思想的著作《貞觀政要》不但在中國，甚至在日本也被視為政治典範，是從政者必讀，廣為流傳至今的文物。

《貞觀政要》的內容首重「為君之道，必須先存百姓」這句話，意思是治理國家的領導者，必須以關懷百姓的慈悲心腸愛惜國民大眾。接著是「若損百姓以奉其身，猶割股以啖腹，腹飽而身斃」。意思是為政者若不愛惜百姓而讓百姓吃苦，結果必然會波及到為政者本身，走向滅亡之路。

對於選用優秀人才為官的意義，太宗說：「朕與公等衣食出於百姓，此則人力已奉於上，而上恩未被於下，今所以擇賢才者，蓋為求安百姓也。」意思是，我和你們的衣食都來自天下百姓，百姓們已經盡力侍奉朝廷，而朝廷施予百姓的恩惠卻仍不足，選賢與能，為的就是讓百姓能夠安居樂業。

這真是一句至理名言，具有如此想法的為政者，才能為中國歷史帶來這一段難得的太平時代。

「卿等特須滅私徇公，堅守直道」這句話是太宗告誡臣下，高級官僚們必須去除私心和利己的想法，為社會貢獻盡力，貫徹人間正道。

而「思國之安者，必積其德義」則是太宗身邊的賢臣魏徵向太宗提出的諫言，意即期望國泰民安，最重要的是為政者必須先積德義，努力修養。

換言之，為民服務的行政官員，除了行政手腕，更應努力積德提升自我，以達到高邁的品格，否則難以取信國民，難以治理國家。

《貞觀政要》告訴我們，造成亂世亂象的是人，而實現太平盛世的，也是人。

第7章

王道

秉持正道勇敢面對交涉

美伊戰爭後，世界情勢急速變化，全球正在摸索新的世界秩序。此情形下，日本應該如何與世界其他各國相處？我認為現在是日本人必須深思熟慮，向世界表態的時機。

國家不論內政或外交，唯有正道方為基本。想用策略壓倒對方，必然會受到同樣的報復；仗勢欺人，人心必然遠離，而一味迎合對方臉色終將得不到信賴，國與國之間的關係也是如此。以毅然的態度相對，遵循正道，才能建立真正的信賴關係。

而西鄉說的正道，不是針對自己的國家和個人，而是做為一個人無愧於天之意。

【遺訓第十七條】

行正道不畏國覆，方能與外國建交。恐他國之強大，畏縮而曲，受辱且毀親密，終受制於他也。

〔解釋〕

即使國破家亡也要堅守正道，沒有這等決心就無法進行像樣的外交。畏懼他國強大的勢力，縮小自己以求事情圓滑進行，甚至寧可屈節而聽命於外國，甘願受辱反而會破壞親密的交際往來，終將畏畏縮縮、卑躬屈膝，受他國欺凌。

西鄉所言，指進行外交必須秉持正道、天道和勇氣，即使冒著戰爭、國破家亡的危險，也要以正道前進，理應交涉的事項不能因恐懼而畏縮退後，對於外國所提出的不合理要求，也應徹底堅守道義的原則。

現實中，政治家和官僚們動不動就搬出「國益」為藉口，口口聲聲說為了維護國家利益而搬弄權策。然而，他們口中的國益，充其量卻只不過是「國家的面子」罷了。為了不讓外國欺侮，所以要顧及國家體面，我認為這是很愚蠢的想法。

日本人早該丟棄以國益為優先考量，包括維持世界經濟大國地位的原因在內，必須脫離戰後六十年來所形成的價值觀，為建立國家新形象和外交關係做更深切的思考。

關於遺韓使節論，西鄉的真意被誤解

【遺訓第十八條】

言及國事，慨然欲申，國受辱，應不畏國覆而盡道義，乃政府之本務。論金穀理財之際，一見如英雄豪傑；然論刀血之事，卻縮頭但求眼前苟安。恐戰之政府乃棄本務之商法支配者，非政府也。

〔解釋〕

談到國事，令人憤慨而嘆的是，國家受到外國欺侮，哪怕是國破家亡也應堅決秉持道義，堅守正道，這是政府應盡的義務。每次一談論到金錢、穀物等財政議題時，大家都滔滔不絕討論得像英雄豪傑似的，但是討論攸關性命的問題時，卻都縮頭只求眼前的平安。害怕「戰爭」而放棄原本職責的政府，充其量是一國的商業法律支配者，不配稱作政府。

江戶幕府時期，朝鮮使節團定期訪問日本，日本與朝鮮之間維持了親密的關係。到了明治政府時代，朝鮮政府眼見日本醉心於西洋文化而開始有輕視日本的舉動。確實，一向以優美的東洋文化為榮，深受儒教、佛教熏陶的日本，卻變得洋裡洋氣，紛紛趕流行穿洋服，到鹿鳴館（註）跳舞，不只是外表，甚至連心靈都賣給了西洋，被朝鮮看成自甘墮落。

隨後，日本政府為通商問題而派遣使節赴朝鮮交涉，不料卻遭朝鮮拒絕，讓明治政府在外交上大失顏面而大怒。當議題進行到「既然對方這麼無禮，不如動用軍艦強行談判」時，西鄉說：「我去。」

西鄉接著說：「我一個人去，不帶軍隊、不乘軍艦，也不佩戴任何武器，用正道跟朝鮮政府說理，讓他們了解不應該如此無禮，相信他們會理解的。」

但政府內部堅決反對西鄉不帶軍隊前往的主張。

「你一個人去一定會被殺，光說道理一定不會被接受，你應該率領軍隊，乘坐軍艦以國家的威嚴進行交涉。」

「這麼做會變成威脅，原本無意卻導致開戰，這不是戰爭真正的目的，還是讓我一個人去吧。」

「如果你被殺了，怎麼辦？」

「被殺，是我所望。如果朝鮮殺了我，表示他們已經無禮之至，這時就應該帶兵攻擊。但一開始就帶兵威脅的話，一定會引起戰爭，我們不應該從一開始就想用戰爭解決。」

這段經過是遺訓第十八條的由來，議事時大家非常激動，說得都像英雄豪傑一般，但西鄉提出不帶一兵一卒自願單身前往時，明治的元勛們卻害怕地說「不行，不行，這樣會發生見血的事」，這是讓西鄉嘆氣的原因。

當時西鄉說，如果自己被殺可以開戰這句話，後來被誤解成想逞強的「征韓論」，殊不知西鄉的本意並非如此啊！

【註】

明治政府的歐化主義下，於一八八三（明治十六）年由英國設計師設計完成，佔地一千三百五十平方公尺，有可容約六百人的大型舞池和酒吧等豪華設施，是明治政府接待外賓的場所。

受世界尊敬、優質富國之道

種族、歷史、制度不同，主義、原則、思想也相異的國際關係，是自古至今不變的難題。如果國際間各國都優先考慮各自的國家利益，互相堅持己見，必然會發生衝突。近年來中、日、韓之間可見這種傾向，很令人擔心。

但是，互相衝突矛盾之間也有世界萬國共通的東西，那就是正義、公正、公平、博愛、誠實等，人類最基本的道德價值觀。

【遺訓第九條】

忠孝、仁愛、信義乃政事之大本，萬世永恆不變之道。道乃天地自然之物，西洋亦同矣。

〔解釋〕

忠孝、仁愛和信義是政治的基本道德，也是亙古永恆不變的道理。道本來就是天地自然形成的，沒有所謂的東西之分。

如果每一個國家領導人都能秉持忠孝、仁愛、教化這三個道德信念，要做到互相了解將不再是難事。如果能站在同為人類的立場談話，相信國家之間的紛爭大半都能解決。不講功利，不用巧妙的謀略，互相立足於「身為人應當怎麼做」的觀點，坦率真誠地對談，我相信這在國與國之間絕對可能實現而非僅止於夢想。

二〇〇四（平成十六）年，我應邀到中國專門培育幹部的中央黨校以

「成長的領導人」為題演講。

我在演講中說到，中國今後的十年、二十年，將會發展成震驚世界的經濟大國，並具有強大的軍事力量。今後中國的動向不但是全球關心的焦點，也會是影響世界的關鍵。隨後我說：「今後中國勢必成為世界屈指可數的大國，應該以關懷之心謙虛對待鄰近諸國，才符合泱泱大國之風。」這句話是我由衷的期待。

演講中，我引述了中國革命之父孫文，一九二四（大正十三）年在神戶演講會中的一段話。

「西方的物質文明是科學的文明和武力的文明，西方利用物質文明欺壓亞洲，是中國自古以來所說的霸道文明。東方的文明有更優越的王道文化，而王道文化的本質在道德與仁義。你們日本民族雖然模仿了歐美的霸道文化，但依然有亞洲王道的本質，日本今後對世界文化的前途，到底會變成西方霸道的鷹犬，還是東方王道的干城，全看你們日本全體國民是否謹思慎行。」

「可惜，日本卻如一瀉千里般，朝霸道的方向猛進，以至於在一九四五年自食惡果，希望中國引為前車之鑑，選擇王道而行。」最後我用這句話結束。

當天傍晚，與國家副主席曾慶紅對談，曾副主席說已經事先看過我的演講稿，並傳發給胡錦濤國家主席和黨內各幹部，他接著說：「稻盛先生，我國一定不會走霸權之道，會選擇正道而行，請你放心。」

想我不過區區一介來自日本的企業家，卻大膽對中國的國家方針提出建議，幸好曾副主席不但不介意，反而笑容滿面向我保證，而且在握手時對我說「日本也應該有走向王道的覺悟」，令我十分汗顏。

一般人認為，外交是國與國在對立的利害之間，互用權術計謀爭取國家利益。但西鄉卻試著把人的道義，「忠孝」、「仁愛」、「信義」帶進外交的世界，我相信西鄉是正確的。人類是否盡力互相了解，會得到完全不同的外交結果。

西鄉一生都沒有接觸過洋行貿易，我想即使曾經接觸也不可能動搖他的信念，因為他不是那種看見新的東西就會從根本改變看法的膚淺人物。西鄉一向以「身為一個人應當如何」做為判斷事物的原點，不可能輕佻追逐潮流。因此，他能夠以冷靜的眼光看待傳入日本的歐美技術和文化。

【遺訓第十條】

開智乃開啟愛國與忠孝之心，知理為家國盡力，百般事業皆可成。為耳目而架電信、鐵道，造蒸汽機械以驚人，不思何故僅羨外國之盛；不論利害得失，自家屋舍以至玩物，無不仿效外國，長奢侈之風，浪費財用，國力疲斃矣，人心浮薄，終身家見空。

〔解釋〕

人類的智慧啟發，是啟發愛國心和忠孝心，為國家盡忠，為家族勤勉努力，人人理解該走的正道，所有的事業就都能隨之進步。然而，世間開發了電信、鐵路、蒸汽機等驚人耳目的發明，卻沒有人探討電信、鐵道是否真的是人類生活不可或缺的問題，一窩蜂地羨慕外國的強盛；也沒有人討論利害得失，就急著把房屋建築，甚至身邊所有的東西都改成外國的。為了追逐不合本身的風潮而浪費財產，只會讓國力衰退，人心輕浮，最後造成日本的破產。

現代，美國式的大量生產、大量消費已經成為經濟成長的前提，新東西一出現，大家就急著迎新棄舊，彷彿在禮讚消費是美德。不管是用了就丟或浪費成性，總之，不消費的話，經濟就無法成長，日本原來有禁奢華、愛惜物品的美德，曾幾何時竟被丟在腦後，忘得一乾二淨。

目前，這種重複消費的經濟成長模式正面臨轉換期，尤其是日本的經濟不可能保持繼續成長，而且以地球環境為考量即可明白，永無止盡的經濟成長根本不可能存在。今後，日本是否能以優質的國家立足於世上，已經遭到質疑。以國家經濟力而言，GDP早晚一定會被中國超前，想以經濟力競爭恐怕會力不從心，應該與中國等急速發展中的國家攜手合作，思考如何為世界貢獻，才是當務之急。

誠如我在第五章所說，「富國有德」的國家才是日本今後應該努力的目標，至於「富國有德」的形象為何？我用從前的富裕之家作比方形容如下。

從前，某地的村落有一戶被稱為慈善家的富裕家庭，擁有一些資產但不是巨富。祖先代代有淵源，有謙實的教養、不可侵的高貴氣質。最可貴的是，他們既無好高騖遠的欲望，也沒有對權勢的渴求，反而為貧窮子弟出學費，盡力幫助別人，得到人們的尊敬。

我認為日本在地球村裡，應該如這般的存在。如此，日本人定能獲得世界更大的尊敬和信賴，這是日本這個國家應該走的「王道」。

第8章

真心

做一個真心至誠的人

西鄉認為人最重要的是正直的心，他以身作則率先為範，始終是個真心至誠的人。從江戶到明治是一段時代大轉變的時期，西鄉為當時人心失誠而嘆息，留給弟子們下面這則遺訓。

這條遺訓的道理至今不變，在殺氣騰騰的現代社會裡，我堅決相信人並不完全為利害得失或欲望所動，純粹的心才是最強的。

【遺訓第三十七條】

令天下後世心悅誠服，唯真誠也。自古多報父仇者，唯曾我兄弟之名婦孺皆知，真誠出眾之故也。乏誠而得譽，乃僥倖之譽，然真誠似篤，縱令當世無人知，後世必有識者而出。

〔解釋〕

這個世上能夠永遠受到敬仰，叫人由衷佩服的只有人的真心。以前雖然有不少為父報仇的事蹟，但流傳至今，連女子和小孩都知道，最有名最真誠的卻只有曾我兄弟一例。缺乏真心卻得到世人的稱讚，那只不過是一時的幸運，而真心至誠的人，即使不為當世所知，後世必然有知心的人會了解。

不愧為西鄉所言。西鄉年輕時在薩摩藩的第一個官職稱為「郡方書助役」，負責向農民徵收年貢，但是他看見農民為苛刻的租稅所苦，總是站在農民這一邊，甚至向上司提出緩徵稅收的請願。在當時身分階級非常嚴格的時代，這是非常需要勇氣的舉動。

如前文所述，安政大獄時期，西鄉為了協助月照大師免於被捕，向薩摩藩主尋求庇護不成，而選擇與大師投江自盡。被流放到孤島受盡苦難的那段歲月，他教島上的孩子們學習古書的道義。而他以司令官的身分與江戶末期的幕臣勝海舟直接談判，達成了江戶城不戰開城的偉業，甚至在降伏親幕派冥頑不服的庄內藩時，也秉持武士一貫寬大重禮節的態度。

這些行動的深處都有一顆至誠的心。西鄉令人感動的不是計謀和策略，而是他非常純粹的真心。

至於這一則遺訓中所提到的「曾我兄弟」，現在幾乎完全不被提起，有必要作一點說明。

那是發生在鐮倉時代一則為父報仇的故事。在現在的伊豆地區，一對年幼兄弟的父親在一場爭奪土地的紛爭中被殺，兄弟隨著母親改嫁而改從繼父的姓，經過了二十多年無奈、苦澀的生活，也絲毫不曾忘記父仇，最後終於報仇成功的故事。由於曾我兄弟在夜襲仇人的當晚，點燃亡父留下的傘做為火把，因此，薩摩藩的人把曾我兄弟為父報仇的故事做為教育子弟的典範，每年在他們報仇成功的舊曆五月二十八日那天焚燒舊傘，表示對父母、君主的忠孝心的讚揚。

我小的時候雖然處於戰時，但仍然有紀念曾我兄弟的習慣，每年曾我兄弟報仇成功的那天，學校下課後，孩子們都到鹿兒島的鄉中教育，被稱為學舍的地方集合。然後在學舍附近的甲突川河岸搭起台架，孩子們挨家挨戶去收集破舊或壞掉的雨傘堆積在台上，男孩們的頭上繫著稱為「兵兒帶」的白色布條，女孩們則披上紅色的古代無袖戰服，一到日落時分，點燃在川台上堆積成山的舊傘。大家繞著熊熊燃燒的火焰前進，一邊唱著「曾我兄弟啊……」。夜空下的河岸，遠近數個竄高的火焰，奇幻般的景象真是美極了，這是鹿兒島夏季獨特的風情。

姑且不論報仇的是非對錯，這則故事表達了人的真心經過數百年流傳於後世，依然具有感動人心的力量。光有才能和知識是無法引起人心共鳴的。人不為錢、不為名譽、更不為權勢欲望，以真心行動能戰勝所有的困難，發揮最大的力量。

【遺訓第三十九條】

世人多信有才事業即成，然任才為事之險令吾視而難安。今不見似肥後長岡先生之君子，可嘆也。舉古語而書。

夫天下非誠不動，非才不治。誠之至者，其動也速；才之周者，其治也廣。才與誠合，然後事可成。

〔解釋〕

當今世人都想，只要有才有能，就能讓事業如願成功，但全靠才能的險象卻令我看得坐立不安。現在已經看不到像肥後國的長岡先生（註）那般偉大的人物，實在可嘆啊！我要引用一段古代的話。

非出於真心，無法推動世間的事物。缺乏才能和見識，無法治理世間。徹底的真心能快速推動事物進行。周全和廣泛的才識，能治理更廣的範圍。才識與真心結合為一，才能成功完成所有的事物。

我想文中的「世人」，直接用來描述二十一世紀初的現代人也很恰當。西鄉的意思不是說求取知識、磨練能力有什麼不好，而是說光有才識而欠缺誠心的話，將無法順利進行，但實際上人們卻往往只重視追求才識。

近年，ＩＴ產業如彗星般遽然登場，創業不過數年就股票上市，瞬時獲益數十億甚至數百億日圓，才華洋溢宛如時代寵兒的年輕經營者輩出，但因醜聞而從絢麗舞台銷聲匿跡的人也層出不窮。

果然，光有才識是無法持久的，誠如剛才所說，缺乏誠心的事業像沒有血液流動般冰冷，得不到員工和客戶的認同與合作。而缺乏誠心的經營者用小聰明行使策略，恐怕會走向歧途，無法維持可貴的成功。

下一則遺訓是西鄉給我們的的警鐘。

【遺訓第三十五條】

於陰處謀事者，事雖成亦難逃慧眼。待人須以公平至誠，否則難攬英雄之心。

〔解釋〕

掩人耳目、在背後鬼鬼祟祟企圖進行什麼事情的人，即使能如願以償，但是在有洞察事物能力的人看來，卻是無比醜陋。平時應該以公平、真誠的心待人，因為缺乏公平無法抓住優秀人才的心。

西鄉人格高尚，在日常生活中的一舉一動、一言一行都如他在第七則遺訓中所說的「事無大小之別，至誠以待」那般貫徹正道。正因為如此，他才說在背後鬼祟行事的人是「無比醜陋」。而且「謊言」和「計謀」都不會有好結局的道理，也足以用在現代。

大多數人一旦面對困難，可能都會想辦法，儘管用點計策也要完成，或者從一開始就認為不使用計謀就不能順利達成。但西鄉卻清清楚楚斷言，用小聰明的權策計謀最後一定會窒礙難行。

我也深有同感，例如，最近頻頻發生的企業醜聞，一定是起因於一個「不實」，而這個不實可能是為了粉飾決算、隱藏商品缺陷或造假使用期限等，為了掩飾「不實」而用「計策」。但是，經內部告發而曝光，在記者會上被記者追問時，還拚命找藉口來逃避責任，漏洞百出。最後，「不實」和「計策」都被揭發而受到社會嚴厲的制裁，有關聯的人當然也難逃刑事的責罰。

某個歷史悠久的老招牌企業就是這麼解體的。事情的開端始於經營上層為了保住老企業的招牌而做出一個小小的「不實」，但情況沒有起色，於是用了一個更大的「計策」，讓會計事務所全面粉飾決算，不久，該企業果然發生財務破綻而倒閉。

如果照西鄉所說從一開始就行正道，或者至少從中途以誠心修正軌道，相信事態不至於演變成威脅到企業的存亡。

為什麼不能以正道行事呢？因為，徹底行正道不但非常困難，而且需要勇氣。

走正道、不動歪腦筋、做合理的事必須說服許多人，的確相當麻煩。發現自己偏離正道想折返時，不得不先低頭道歉，相較之下，大家可能想用謀略解決問題，豈不是更容易？

事實不然，用長遠的眼光來看，走正道才是最輕鬆的辦法。怎麼說呢？因為沒有任何須要掩飾之處。大家過於執著名譽、地位、財產，才會拚命想出千奇百怪的計謀而變得憔悴。

相對的，把想法改成「我不需要這些無意義的東西」，沒有用計策的必要，自然是最簡單最輕鬆的方法。不過，前提是必須先把自己看成「無」，這並不容易，需要勇氣才能做到。但西鄉的一生，卻始終徹底貫徹了對人類而言最難的「無私」，真是一位稀有的人物。

有「無私」的心，就能以「真心」對待人生，徹底做到至誠，因為如此，西鄉不但在生前深獲人心，往生之後也藉由遺訓繼續為後世指出正確的方向。

【註】

肥後國成立於七世紀，位於現在九州的熊本縣。

長岡先生（一八一三～一八五九）本名容，幕府末期熊本藩的長老。

第9章

信念

有完善的規則和制度，也無法根絕非法行為

為什麼西鄉在一百多年前所說的話，竟像是直接針對生活在現代的我們所說的那般鮮明、響亮呢？我想最大的關鍵在於西鄉一向以「做為一個人」的觀點來敘述，而下一則遺訓也是有關「人性」的重要。

【遺訓第二十條】

議制度方法，非賢者則難行。有賢方能行之，人為至寶，故以賢為要。

〔解釋〕

討論任何制度和方法，如果沒有高尚的人格，恐怕很難執行。所以，應該先有人格高尚的賢者，才能執行制度，最重要最可貴的終究還是人，因此，隨時提醒自己具備高尚的人格，比任何事都更重要。

讓我們繼續討論前章所提到的企業醜聞。

企業醜聞頻頻發生引起社會騷動的不只是日本，美國於二〇〇一年至二〇〇二年之間也曾發生安隆公司（Enron Corporation）和世通公司（Worldcom）等大企業，因大肆篡改會計和不正當交易內幕曝光，造成一夜之間破產的震撼事件。

隨後，美國為了防止企業的不法行為，針對股票上市公司制定了「SOX法案」，通稱企業改革法。新法案的規定範圍幾乎全面涵蓋了企業內部的詳細作業，藉此嚴格監控企業活動。由於京瓷的股票也在紐約證券交易所公開上市，自然必須遵守，但新法規的作業處理龐大而繁複，給企業帶來非常大的負擔。

用這種五花大綁的制度和法規企圖統治企業、防止企業的不法經營，能解決根本的問題嗎？我不認為。

我認為防止不法行為最重要的，應該是西鄉所說的「議制度方法，非賢者則難行」。因為，不管制定了多麼周全的規則制度，嚴格要求人們遵守，必定會有人想鑽法律漏洞，根本不可能杜絕非法行為。只重視規則和制度，而不把焦點對準人心，永遠也解決不了這個問題。

《論語》有一句「道之以政，齊之以刑，民免而無恥」，意思是「當政者或許認為制定了法律，對違反法律的人課以刑罰就能解決問題，但國民為了逃避法律、刑罰，卻會用盡方法手段而不顧廉恥」。說到底，終究必須回到「做為一個人」的原點，萬事皆以正道而行。

尤其是解決目前企業醜聞的問題，我認為最重要的應該追究領導人的資質。領導人應率先表範，提高人格並且維持下去，才是解決當前企業陷入統治危機的根本辦法。然而，一般人卻認為企業領導人的資質、人格雖然重要，但才能和熱誠更重要。

放眼現在的商界，無論是以先進的經營投資知識或技術大獲成功的創業型經營者，或是從藍領階級爬上大企業的頂層，就任總經理，讓企業突飛猛進的中興經營者，無不英氣煥發、才華洋溢，而且對企業的發展充滿熱誠。

他們不但有嶄新的技術開發、市場學手腕和經營戰略等商業才能，又有火焰般的熱情、無止盡的活力，把事業導向成長發展。證券市場分析家和投資人，對這些才華洋溢又不惜努力的經營者所率領的企業，給予極高的評價，結果就反映在股票的價格上。但是，每當這些如彗星般驟然出現的新進經營者和企業，又突然從我們眼前消失時，無不加深了我認為不能光以才能和努力做為評價的看法。

「才子溺於才」這句古訓的意思是，有才華的人憑著過人的才能獲得莫大的成功，但卻由於過分自信或誤用才華而導致失敗。古人告訴我們，愈是才華出眾的人，愈有必要控制自己。控制自己的力量就是「人格」，因為歪曲的人格不能把才華和熱誠用在正途充分發揮，結果把經營之舵推到錯誤的方向。

當然，許多經營者必然了解人格的重要性，但並不清楚應該如何提高和維持人格，因此，才會有那麼多獲得成功卻無法長久維持的經營者。

「人格」到底是什麼？我認為人格是與生俱來的性格，和人生過程中經由學習所得的哲學。換句話說，先天的性格加上後天的哲學形成了人格。

先天的性格因人而異，有的人好強、有的人軟弱；有些人強行、有些人謹慎；或自私自利、或充滿為人著想的愛心，人人差距甚遠。如果一個人在人生途中沒有養成良好的哲學觀，那麼與生俱來的性格就會是這個人一生的人格，而人格將決定這個人把才能和努力用在何處。

結果，這個人會變得如何呢？如果是一個生來性格自私的領導人，可能會因優秀的才華加上不輸給任何人的努力而獲得成功，但也很可能因人格上的缺點，而造成員工的反抗或得不到客戶的協助，甚至可能因自私自利的人格變本加厲，做出不正當的經營行為，而無法維持成功。

由於每個人不可能與生俱來完美的人格，因此在後天培養良好的哲學觀並努力提升人格尤其必要。尤其是員工人數多，對社會有重大責任的企業家更須如此。

所謂良好的哲學，是歷經歲月，人類長久以來代代相傳，明確指出人應該有的姿態與想法，感化我們的聖賢教導。不過，必須注意知道和實踐是不同的兩回事。

舉例來說，相信大家對基督和釋迦牟尼佛的教誨，或希臘哲學和中國孔孟學說，可能都有某種程度的理解而成為知識。但只有知識並沒有任何價值，領導人所需要的是反覆學習、平時實踐，而非僅止於理解。如此方能修正與生俱來的性格缺點，形成新的「第二人格」。

反覆學習讓優良的哲學變成身體血肉的一部份，始能提高人格且長久維持。不過，或許有人認為學過一次提升人性的哲學就夠了，沒有必要反覆學習。殊不知，這與運動選手一天不鍛鍊身體就難以維持體力，是同樣的道理。人的心如果疏於照顧，很快就會變回原來的模樣，所以應該不斷以良好的哲學維持高尚的人格。

此外，每天反省自己的言行也非常重要，想想自己有沒有做出違反道理的事情，嚴格自問、日日反省。其實為了提高人格和維持高尚的人格而一再反覆學習哲學時，自然而然會做到日日反省，這也是西鄉所說「人為至寶，故以賢為要」的道理。

「心」和「想法」的「人生方程式」

為了讓員工理解心性和想法在人的一生中有多麼重要，我想出了一個「人生方程式」。

人生．工作的結果＝想法×熱誠×能力。

這是一個很簡單的方程式，表示人生和工作的結果由「想法」、「熱誠」、「能力」三個要素相乘所得而定，與加法不同的是乘法會讓結果成為倍數。

用數值來表達，可以把能力和熱誠定在「零分」至「一百分」之間。舉例來說，某人以優越的成績畢業於名校，而且有普通以上的能力，所以姑且把能力定為八十分，但是這個人卻因聰明而態度驕傲，對工作不太認真，所以熱誠只有三十分，於是八十分×三十分得到二千四百分。

另外一人則畢業於普通學校，成績也普普通通，能力被評為六十分，但這個人自知能力不足而拚命努力工作，得到八十分的熱誠評價，於是六十分×八十分獲得四千八百分的得點，比前者優秀卻怠慢的人多出兩倍。我認為人生和工作的結果就是如此，所以我相信比任何人更努力是最重要的。這個信念一直存在我心中。

影響結果最大的是人的想法，想法是一個人對生命的態度，包括這個人的哲學、思想、理念，也可以說成這個人的志向和心得，用前文的說法則是形成人格的各種要素。

重要的是，想法的評分是從「負一百分」到「正一百分」，因為方程式是乘法，所以不管多麼有才能、或再怎麼努力，人生和工作的結果最後都會受想法影響，甚至可能變成極大的負數。

想法這麼重要，但什麼才是好的想法呢？讓我把想到的詞都列出來吧，例如樂觀進取、有建設性、有協調性、開朗、肯定、充滿善意、為人著想、親切、認真、正直、努力、不自私、不貪心、知足、有感恩的心。

接著列舉相反的、壞的想法，例如悲觀消極、否定、不協調、陰沉、充滿惡意、欺負人、陷害人、不認真、說謊、傲慢、懶惰、自私自利、貪心多欲、抱怨不停、怨恨、嫉妒。

人生和工作的結果都會因這些好的想法和壞的想法，也就是心相而大大改變。西鄉所說的「非賢者則難行」正是此意。

全世界的各個角落裡，一定有許多能力高又充滿熱誠的人，但卻不見得都具有善心和正直的想法。西鄉一直強調說明的，還有我把想法放在人生方程式的三要素的最前端，都是因為擁有正確的想法不但最重要，而且最難。

某次，我和中小企業的經營者們談話，有人很直接地說：「等我賺了大錢，要好好享受。」我聽了回答：「如果真的想賺大錢，就要有決心，甚至像發瘋一樣想著一定要變成有錢人，然後付出努力不能輸給任何人。」但更重要的是達成願望以後的想法。

假如付出努力和熱誠之後，果真變成了有錢人，但想法卻停留在「賺了大錢，要好好享受」，而缺乏為人著想和謙虛的心，那麼很可能遭受疏遠，甚至走下坡。相反的，如果在努力的過程中，提高想法的層次進而修養人性，那麼獲得的成功可能會更大。

這是拚命努力了七十年的我，回頭看自己的人生，「確實如此」的深刻感受。

一八七七（明治十）年，西南戰爭結束後，福澤諭吉立刻寫了一篇擁護西鄉的文章〈丁丑公論〉，福澤在文章的結尾寫道「西鄉是天下的一大人物，而日本國度竟狹小到容不下這等人物」，以文章批評當時的政府，並為西鄉的逝去悲嘆。

〈丁丑公論〉在西鄉去世後二十四年的一九〇一（明治三十四）年，終於得以公開刊登在報紙上，可惜福澤卻在連載途中過世。福澤晚年曾經在慶應大學的畢業典禮上，對一群即將投入實業界，抱有雄心壯志的學生們演講，描述經濟人的理想模樣：

「思想深淵如哲學家，心術高尚如元祿武士，有小官之才與百姓之身，必為實業社會大材。」

簡單地說，要有哲學家那般深遠的思想，有元祿武士那般高尚正直的心術，再加上一點小官吏的小聰明和一般百姓刻苦耐勞的身體，必能擔當實業界的大任。

這個說法和本文的「人生方程式」意義雷同，說明了人類最重要的畢竟是心性和想法，也就是一個人的高尚人格。

【遺訓第二十三條】

有志於學者，應求宏大之識，然偏於此則疏於修身，故須始終修身克己。求宏大之識並克己，男子容人不容於人。書古語以授之。

恢宏其志氣者，人之患，莫大乎自私自吝，安於卑俗而不以古人自期。問古人所期之意為何？翁答，以堯舜為範，以孔夫子為師也。

〔解釋〕

以追求學問為志向的人，必須擴大學識的範圍，但只注重研究學問卻容易疏忽修身養性，因此平常必須督促自己注意修身克己。努力擴大知識的範圍並且注意提高人格，真正的男子漢應該有大到足以吞下一個人的度量，但卻不能被他人所吞。

有一則古訓，意思是有強烈企圖心的人，應該擔心自己是否變成自顧自、對他人小氣、滿足於低俗的生活，而忘了向古聖先賢學習修養心性。

弟子問，向古聖先賢學習的具體意思是什麼？南洲翁回答，以堯舜為模範，以孔子為師之意。

很早以前我就說過「經營決定於領導人的器量」。

不管期待公司擴大的心有多強，結果往往是領導人的器量有多大，公司就只能成長到多大。例如，小公司經營成功而發展成大企業，但領導人卻無法順利操作方向舵而倒閉，這是領導人的器量沒有隨著組織成長而擴大所致。想讓企業一路發展，除了經營的知識和技巧之外，更須不斷努力提升經營者的器量，也就是個人的人性、哲學、想法和人格。

當然，我也不是從年輕時就具有適合當領導人的器量。倒不如說我年輕的時候，很多方面都不夠成熟，不過我對自己的缺點有自知之明，每天都為了至少能成長一點點而繼續努力。

有一位經營者告訴我，二十年前就曾經聽我說過，希望自己的人生是「每天不斷提高理念」。當時他聽見我想提高的不是經營技術，而是一日日地提升經營理念、想法和哲學，非常感動。

其實，我從年輕的時候就習慣把十幾本有關哲學、宗教的書放在枕邊，提醒自己睡前多少都要看一點。晚歸時，一頁也好、兩頁也好，總之從年輕時代開始的習慣，讓我的半生可以毫不謙遜地用「日日提高理念」來形容。

我想，有許多經營企業家都是這麼努力過來的，例如松下電器產業集團創始人松下幸之助、本田技術研究工業創業者本田宗一郎，應該都是如此。

回想三十多年前，京瓷終於能把股票公開上市，而與日本某知名大銀行的總裁見面，雖然京瓷仍是中小企業，我卻不認分地當面向他詢問該行的經營理念和經營姿態，以此決定是否與該行合作。

見面的時候，我說到平常喜歡閱讀松下幸之助的著作，非常尊敬他，想向他學習經營的姿態，也希望自己今後的人生能像他那般。那位總裁從年輕就與松下幸之助十分熟悉，本來我以為他對我的話會有反應，不料他卻用很不以為意的口氣說：

「松下年輕時，雖然也有點輕狂，但你年紀輕輕卻說出這麼老成的話，恐怕……」

聽完那位總裁的話，我決定不跟他們合作。因為人在年輕時總是不完美的，有沒有上進心才是最重要的，不是嗎？那位總裁完全不了解這點，所以我不想跟他經營的銀行合作。

之後，我有機會與晚年的松下幸之助對談，他果然是一位有偉大的人格和見識、世間不出其二的企業家。我想他的生涯必是不斷擴大器量的過程，才會讓松下電器發展成世界首屈一指的電子公司。

本田宗一郎也同樣是堅強偉大的人物。他本來是一個小小的汽車修理廠老闆，年輕時個性急躁又荒唐，員工如果在修理廠不認真做事，他馬上就發火、動拳或丟工具，也毫不忌憚地公開說「因為想玩才工作」，幾乎每晚召喚藝妓開晚宴，大肆喧嘩。

我第一次和本田宗一郎見面時，他早已功成名就，已近晚年，那是我和其他幾位企業家被瑞典皇家科學院選為海外特別會員，應邀到瑞典參加典禮的時候。

大約一個星期，我和本田宗一郎一起巡迴瑞典各地，同食共寢，令我實地感受到他的偉大。他人格高尚、柔和、謙虛又充滿愛心，簡直令人難以相信他年輕時的傳聞。我相信一定是他提升了人格，本田技術研究工業才會發展成世界居冠的汽車公司。

平常，我用「心靈提升，經營擴展」來形容企業家的人格與企業的業績呈平行共進的事實，同時我相信這是經營的真諦。因此，想擴大經營，就得從提升經營者的心靈做起，業績才會相對而來。

反之，對提升心靈怠慢的人，即使一時獲得成功，也終會淪於沒落。這種人在商場上看似成功，得意洋洋，但快的話十年、慢的話三十年，必然會開始走向衰退。即使在創業初期一時提高了人格，但事業成功之後卻忘了謙遜和努力，同樣無法維持高尚的人格。

世上不可能有人從一開始就有偉大的想法和人格，人的一生必須靠意志和努力才能修得高尚的人格。尤其是雇用眾多員工的經營者，對他們的人生所肩負的責任就愈重大，盡一生之力，每天努力不懈，不停提高人格，是身為經營領導人應盡的職責。

從知識到見識、從見識到膽識

【遺訓第四十一條】

修身以正，雖得君子之體，然不能對應則形同木偶。若客數十不意而來，事先未備齊器具，欲饗之亦無措。時有準備，則無論人數皆能對應矣。故平日之備為肝要，書古語以示。

文非鉛槧也，必有處事之才。武非劍楯也，必有料敵之智。才智之所在一焉而已。（宋，陳龍川，酌古論序文）

【解釋】

即使修身養性而成為行為端正的君子，卻無法對付突發狀況，和木雕偶人沒有兩樣。例如突然來了數十個客人，想盡力招待，卻因平常沒有準備好器具，只能不知所措。如果平常做好準備，不管突然來了多少客人，都能順應人數，合適接待。由此可知，平時的準備比什麼都重要。有一句古語的意思是，學問不只是文筆上的技能，而是遇事能應用的才能；武術也不全是用刀劍和盾牌，而是知敵應敵的智慧，必須集才能和智慧於一身。

西鄉這段話說明，理想中的君子，除了道德學問之外，對任何不測之事還必須有隨機應變的執行能力。換句話說，修身養性、具有偉大見識的同時，必須把見識付諸行動，而且為了因應任何局面，平時就要先做好準備。西鄉用數十位突然來訪的客人為例，令人很容易就能理解這個道理。

安岡正篤（一八九八～一九八三）是東洋哲學的著名權威，我從他的著書中學到了「知識」、「見識」和「膽識」。

人為了活下去，必須學習許多知識，但實際上光有知識卻一點用都沒有。必須把知識提升為「非這麼做不可」的「見識」。不過這樣還不夠，還要有把「見識」付諸行動的堅定決心，成為不為任何事所動的「膽識」。

我認為是勇氣帶來了膽識。沒有排除萬難的勇氣，任何知識都沒有用。

大部份的人明明知道怎麼做才好卻畏縮不前，就是缺乏勇氣之故。為何大多數人缺乏奮起的勇氣呢？答案是大家都把自己看得太重要了。

如果心裡光想著，這麼做「會不會遭受譏諷？」、「會不會惹人討厭？」只想保護自己，當然無法執行。相反的，把自己放在一邊，不管別人怎麼想，「被當成傻瓜也好，被輕視也好」，相信不管有多麼困難都一定能邁出腳步。

古語說「知而不行為不解」，相信誰都看過書、聽過先賢的教誨吧，經由別人一提可能大家都會說：「啊，那個早就知道了。」但只是知道，而沒有提升成見識，更沒有膽識實踐的話，一點用處都沒有。

關於這點，西鄉在第五則遺訓中已經說過「歷盡辛酸志始堅」，就是一再克服辛酸，思想方能變成膽識和信念的意思。

第10章
立志

一切從「意欲」開始

西鄉最嚴厲告誡我們的是，人有捨棄提升自我的「志」，在努力之前就先放棄的弱點。他用「卑怯」一詞斥責人們姑息自己而寧願選擇安易的生活方式。

【遺訓第三十六條】

無志於聖賢，見古人而自嘆不及，猶較臨陣脫逃卑怯矣。朱子見兵士棄刀而嘆，無可救也。讀聖賢書而不身體力行，無意義也。聽今人所言，唯口舌之論。見真心力行者，實感共鳴。空讀聖賢書，如旁觀練劍，於自身無用，遇比試則逃，別無他計。

〔解釋〕

沒有成為賢明之士的志氣，知道古聖先賢的事蹟卻在心裡自嘆，反正再怎麼努力也無法像古人那般賢明，這比臨陣脫逃還懦弱。朱子看見棄刀而逃的士兵，嘆息說已經無藥可救。讀聖賢書最重要的是，照著聖賢的精神修養身心，如果只知道聖人說過什麼話、有什麼偉業，卻沒有努力實踐，則一點用處都沒有。

論事時，如果聽見的只是口頭辯論，卻感覺不到實踐的精神，那麼根本不會令人佩服；相對的，如果看見真心實踐的人，則會從心底感到那個人真了不起。空讀聖賢書而不實踐，跟在旁看別人練習劍術，自己沒有操練一樣，根本學不好；既然學不好，一有比賽的時候，除了躲避逃跑之外，別無他法。

如前章所述，不管向先賢學了多麼高深的知識，或多麼奧妙的經營論、技術論，如果缺乏強烈的信念、志氣和勇氣，則不可能滲透到身、心，以至於需要用時，卻都不管用。因眼看到達目標的路途竟是如此遙遠而裹足不前，油生「不可能辦到」的想法而放棄。西鄉說這就是姑息自己、選擇逃避的懦夫。

任何事情都從強烈的「意欲」開始，有了「想變成這樣」、「想做那樣」的目標，就要強烈地想，強烈地期望，滲透到潛意識。不管是睡著還是醒著都要不停地想，才能讓先人的教誨在實際的場合發揮作用。這條路上或許布滿荊棘，也許苦難連連，甚至讓你感到懷疑，為何非忍受這般艱苦，以期提升境界不可呢？

要知道，有堅定志向的人，通往目標的路途絕對不會從眼前消失，即使在途中跌倒也不灰心，會立刻站起來繼續前進。相反的，在缺乏志向的人的面前，卻不會有任何敞開的道路。

幕府末期，西鄉生於薩摩（註），終而回歸薩摩；我在昭和初期的鹿兒島出生、長大，雖然我們的年代不同，但我們出自同一個故鄉，學習到同樣的風土文化，其中鹿兒島自古流傳的一首押四、七字韻的「島津伊呂波歌」（按日文平假名順序排列誦唱的詩歌），開頭一段是：

古人之途　聽也問也唱也
我不行之　不知其意義也

「聽過先人的教誨，也會背誦，但不能實踐，就一點意義都沒有。」這首歌被當成鄉中教育的一環，一直延續到我的幼年時代，是每一個薩摩的孩子都必須背誦的，想必西鄉小時候也背誦過吧。西鄉一生中不但沒有忘記幼年時期大人們所教導的道理，而且如曲中所述，做到了隨時實踐。西鄉重實踐的精神，深深遺留在此則遺訓當中。

立志、實踐，絕非易事，但西鄉說應該把克服困難當成樂趣。

【註】

日本古代的令制國之一，又稱薩州。大約相當於日本現在的鹿兒島縣西部。

以誠行事，就能堅定立場

【遺訓第二十九條】

行道者，必逢困厄，立艱難之地亦不憂成敗生死。事有擅拙，物有優劣上下，故行道之際或有動搖。但必行之道無優劣上下，亦無不成之人。行道為樂，凌越艱難。吾壯年即與艱難與共，故今遭何事亦無動搖，幸也。

〔解釋〕

走正道的人必定會遭遇困難，但面臨困難時不必擔心成功或失敗、是生還是死。完成事物的程度因人而異，有的人做得好而有的人做不好，所以遵循正道時，心中可能會因困難而動搖。但正道非行不可，因此走正道沒有做得好或做不好之分，也沒有做不到的人。只要全心全意走正道，遭遇困難時以克服困難為樂，想該如何突破困難而不要去想結果，就能泰然專注於正道。我個人在年輕的時代遭遇了無數的困難，現在任何事情都不能動搖我的心志，這是非常幸福的。

走正道，也就是做正確的事，一定會遭遇困難。但西鄉說，無論處於多麼困難的局面，都不要刻意去顧及結果成敗、個人生死的問題。

正道，是遵循天道而生，不奉承迎合、不妥協、不苟且求生，而且不受同情和人情影響，即使是親兄弟的懇求，只要是異於自己所相信的正道，就必須斷然回絕說：「我不能那麼做。」

徹底堅持正道，可能會被指責為「不通人性」，也可能遭遇到意想不到的困難，於是一定會有人開始懷疑走正道是否真會順利、成功而產生動搖甚至懼怕。但是，西鄉說「不要擔心這些」，而且無論如何都要努力走自己認為是正確的路，不管處境多麼不利，也要有在逆境中苦中作樂的心情，否則無法繼續走正道。

當時，庄內藩的年輕人聽見西鄉這番話，無法立刻接納，對西鄉所說的相信自己的判斷，而不論吉凶成敗，也不為結果或喜或憂，不管是何種處境都把走正道當作享樂的理論，面露難色說：「這未免太難了吧。」

於是，西鄉接著說起自己年輕時的遭遇，與月照大師投水自盡、二次被流放到孤島、以生命為賭注，從軍打仗。在一連串的危難之中，都能徹底貫徹正道。因此，如今已經沒有任何事情能動搖自己的心志，感到豁達且樂觀的自己是多麼幸福。相信這段話一定給年輕弟子們很大的啟示。這段話也包含了西鄉「歷盡辛酸志始堅」的一生。

生活在充滿迎合、計較個人利害得失的世間，要徹底堅持個人的原則，必然會遭遇種種困難和阻礙。但是，我們必須挺起胸膛說，走正道的人遭遇困難是理所當然的，因此能在逆境中自得其樂而繼續實行正道。一般人大多認為順應潮流而生，一定比堅持正道吃苦受罪來得容易，由於西鄉看清人性有此弱點，所以說出必須能苦中作樂，否則難以堅持。

遺訓中還道出「事有擅拙，物有優劣上下……」，這段話的意思是說，行正道沒有「做得好不好」或「能不能」的問題，而是人們一遇到困難，馬上會想「有沒有更好的方法？」尋找安逸的途徑，但西鄉說不能貪求安逸的方法。

我想西鄉必然非常相信「行正道必有正果」，而且把行正道視為「人生的王道」，同時也是萬民應盡的責任。

萬民必行正道

【遺訓第二十八條】

行道者無貧富貴賤之別，大言之，堯舜為天下之王，日理萬機，然職所教師也。孔夫子亦不得萬方所用，屢逢困厄，匹夫而終，卻得弟子三千隨行。

〔解釋〕

走正道是任何人都必須遵行的，沒有貧富或貴賤之別。簡要地說，中國的堯舜雖然身為國君治理國政，但原本是從事教職的老師。孔子生前也沒有受到各國的重視，包括出身的魯國，而且歷盡艱辛，以平民之位終其一生，卻有三千名弟子遵行他的教誨。

走正道沒有身分貧富貴賤之別，是人人都必須實行的真理，而且每一個人都做到後，社會必將變得更加豐富、美好。從這句話似乎可以聽見西鄉的嘆息。

歷經幕府末期的動亂時代，為明治開啟新簾幕的志士們，想必都和西鄉一樣是為了正道而行動。但是進入明治時代之後，擔任新政府要職的人卻變得面目可憎。

鹿鳴館（見第七章註）時期，大家紛紛剪掉髮髻，穿上華美的服飾，日夜笙歌曼舞，互相較勁彼此的豪宅和榮華富貴。明治維新開始才不過四、五年就變成這樣，醉心於新文明的輕薄小人層出不窮，正道被看成跟不上時代。針對當時的傾向，只有西鄉一人果敢地為世人敲響警鐘。

西鄉的嘆息，在「志」這個字幾乎快要消失的現代，對輕浮的現代人顯然是一記猛烈的撞擊。

或許，現代人不能實踐「正道」的原因，在於世人不解「正道為何」。所謂「正道」，意即天理，不摻雜人類的任何小聰明，用言語文字來表達的話，可以歸納成正義、公平、公正、誠實、謙虛、勇氣、努力、博愛和西鄉的無私，這幾項人類生活的基本規範。也可以說成「不說謊、不欺騙、正直的心」，這也是父母師長從小教導我們做為一個人必須有善惡之分的道德觀。這些樸素純真的教誨就是「正道」。

由於正道是如此單純，看似理所當然，卻容易被人忽視。西鄉所說的走正道，也就是在日常生活中，遵守人的基本原則而已。

或許大家會覺得奇怪，「真的就這麼簡單嗎？」但是，請想想究竟有多少人能完全遵守，從小父母和師長教導我們的這些簡單道理？請你回頭看看自己的人生和工作，都遵照了這些規範嗎？還是向情勢妥協，只在意自己的利害得失呢？

前文說過，企業從小的「不實」而逐漸步向崩解；政治家、官僚或縣市長等，也有人因濫用權策而遭到嚴厲的糾彈。

需要勇氣堅持正道的局面，卻心想「這個關頭基於勇氣提出正論，豈非對自己不利？」而保持沉默，或因周圍的人說「你這麼頑固，大家都會跟著吃苦，這個時候應該讓步吧！」而不再堅持，折志而屈。這些都是造成今日社會種種歪曲現象的病根，想改善這個社會，就必須先讓每一個人重新認識走正道的重要，並且真心實踐。要求遵守法令之前，應該先確立基本的倫理觀念。

第11章
精進

工作專心致志，心靈提升

人生的目的為何？這是一個很難回答的哲學問題，不過我想，人並非自願出生於世，而是稍微懂事時，自己已經生存在這個世上，所以不是先決定如何度過人生才出生的。隨著歲月的增長，我們漸漸成長、懂事、開始思考人生，不過可能只是想當醫生、總經理、工程師、老師、公務員、政治家等這類對未來的願望。

踏入社會，相信大多數的人會把晉升成名、飛黃騰達當成人生的目的，企圖在競爭中脫穎而出，甚至為了金錢、名聲、權力而踩在別人頭上，也想要獲得所謂的成功，認為這才是美好的人生。

果真如此嗎？

即使存積了龐大的資產、名聲或眾人擁護的權勢，人生總有盡頭，所有的人迎接死亡時，肉體和任何有形的東西一樣也帶不走。儘管如此，一切並非完全化無，我相信位在人心最底處的「靈魂」，會成為人生的結果，留下且攜至來生。所以我認為死的時候變成什麼樣的靈魂將決定人一生的價值，也就是說，人生的目的不是為了獲得金錢、名聲等所謂的成功，而是在被賜予的人生，這段特定的時間和場域之內，塑造出美麗的靈魂。

一九九七年，我在京都南部一座屬於臨濟宗妙心寺道場的圓福寺出家，成為佛門弟子。佛教把提升靈魂達到最高境界稱為「開悟」，而為了開悟必須修行「六波羅蜜」。

所謂六波羅蜜意指六種修行，「精進」即為其中之一。

「精進」的意思是認真、專心致力於勤務，勤務在現代則為「工作」之意。工作不僅是為了獲得報酬的手段，而是在專心致力於工作的過程中塑造心、靈魂和人格。因此工作也是一種修行。

人終其一生，「精進」將永無止盡，西鄉下列之言意謂著平時專注、集中精神繼續無限的努力。

【遺訓第三十三條】

平日不行道者，臨事慌亂而無所適從。譬若近鄰突發火災，平時有備者井然有序，無備者則狼狽不堪。同理，平時不行道者，臨事無策也。吾先年出陣之日，問兵吾等備否，以敵心判之，乃第一之防備也。

〔解釋〕

平常不行道義的人，遇到突發狀況必會驚惶失措。例如，附近突然發生火災，平時有準備的人會不慌不忙地處理，反之則只會慌成一團，不知如何是好。同樣的道理，平時不行道義的人遇到突發狀況，必然束手無策。我早年出征的時候曾經告誡士兵，自身的防備是否周全，不要用同陣營的眼光來判斷，應該用敵人想刺自己一刀的心情來衡量，才會想出最強的防備方法。

西鄉用火災為例說明，隨波逐流的人遇事不能堅持己見；苟且過活的人，一旦遇到緊要大事，必然做不出正確的判斷和處理，因此時時刻刻以決戰的心情面對生活，也是精進的意義之一。

中村天風（一八七六～一九六八）是一位哲學家，主張積極思考的重要。天風在西鄉死於西南戰役的隔年出生，一生研究人為何而活，是一位實實在在的哲學家。我年輕時每遇他的著作一定翻開來看，其中一部《研心抄》說明了與心相有關的「有意注意」。

「有意注意」如字義所示，意思是主動把意識集中到某件事物上。相對的，「無意注意」，則是被動的意識，例如聽到聲音而反射性地回頭。

西鄉在這一則遺訓中所說的和「有意注意」的主張相同，指出為了養成迅速正確的判斷能力，平時的任何情況、任何細節，都不應該漠然視之，必須以清晰銳利的感覺認真相待。平時若不鍛鍊自己集中精神看待事物，養成思考的習慣，一旦遇到大問題，必然只能以淺薄的想法判斷。

這個道理對處於領導立場，必須經常下判斷的人而言，無比重要。舉例來說，經營企業必須在瞬時之間對龐大數量的個案做出判斷、下指示，需要過人的集中力和持久的注意力。換句話說，缺乏集中力的領導人做不出正確的經營判斷，無法進行安定的企業經營。

以我年輕時的經驗來說，有時過於忙碌而一時大意，想「這樣大概就可以了吧」而草草結束，或小看個案而完全交給部屬決定，這些情況都是非常危險的，往往在事後因草率決定而發生麻煩。

例如，某位部屬為了徵求我的意見，詢問秘書何時能空出時間，但由於等我處理的個案堆積如山，而且我四處奔跑，一直無法為他空出時間。某天，在公司走廊偶然與那位部屬擦身而過，他抓住機會拚命對我說：「總經理，是這樣的……」，我無法拒絕他的熱誠，只好當場聽他說完並做了指示，但事實證明這種情況下的判斷非常容易出錯，儘管我盡力集中精神，但站著說話實在很難集中全部的注意力。

重複了幾次這種錯誤，我決定不管再怎麼忙，商討事情時一定要安排適當的時間，還有能面對面討論的環境，即使只有短短的十或二十分鐘，都要盡全力集中注意力再下結論。事實上，京瓷尚未到達某程度的企業規模之前，所有對公司具可能性的個案，我一定都親眼看過再決定是否可行，絕不會不清不楚地就丟給部下。當時面對龐大數量的個案，均一一如此處理，幾乎不曾有過錯誤的判斷。或許，年輕時養成集中注意力的習慣磨練出我的判斷力。不過，最大的收穫應該是當時我把集中精神，思考成領導人的職責吧。

然而，世間有另一種想法，認為授權給部屬處理的上司是好上司。不過我認為授權不是放任，事實上，裝出明理的樣子對部屬說「嗯，嗯，那就交給你全面處理」，而任由部屬進行的上司，恐怕有不少人是為了逃避認真思考和判斷吧。

相對的，也有些人認為「衡量大規模的計劃，是上司應該做的」而擺出與己無關的臉色，殊不知平時不管個案大小，若不養成認真思考的習慣，就會變成如西鄉所說，一旦面對大問題，即使心裡想也根本無從判斷。

當然，大企業中如果任何事情都要領導人親自處理，那麼領導人的工作一定會積壓得水洩不通。所以從部屬是否能分辨該請示領導人或自行處理，就能看出部屬的能力。每當部屬詢求我的意見時，我都是這麼告訴他們的。

經營是腳踏實地努力的結果

經營不可能只靠收併企業這類規模既大又刺激的條件而成立；相反的，經營是一再重複樸實和單純的判斷。雖然如此，若不累積平常踏實的努力，則不可能完成大規模的工作。

關於這點，西鄉說明如下。

【遺訓第三十二條】

志於道者，不期偉業，司馬溫閨中所言，無一不能公於世。獨處知慎，逞一時之快乃不熟之行，應以為戒。

〔解釋〕

行正道不是說一定要完成偉大的事業。據說中國北宋學者司馬光，在寢室內與妻子的對話，沒有一句是不能對外人說的。從這個例子就能明瞭獨處時也應該謹慎言行。做出驚人之事而自我陶醉的人，表示修行不夠，須徹底反省。

人生的旅程，既不能像噴射機那般，立即飛抵目的地；也不會由於急著想跨越夢想與現實之間的隔閡，就得以順遂。用盡心思獲得炙手可熱的成功，也會因不落實的榮華而難以持久，最重要的終究是走正道，一步一步向前進。

立定遠大的工作目標和人生目標，在實現的過程中和建築城樓的石牆一樣，堆好一個石頭，緊接著又是另一個石頭，需要耐心。不過一個人的力量畢竟有限，實現大志向時須結合眾人的努力，此時最需要的就是西鄉所說的「道義」。

懷有高遠的志向而汲汲努力的人，身邊自然會聚集志向相同的人，同伴逐漸增加，有如層層疊起的石塊，甚至能獲得超過當初期待的成功。

公司的發展也是同樣的道理，確立了大公無私的理念，讓全部的員工認同且付諸行動，集合全員的方向和力量，才會有美好的發展。

失敗也不沮喪

【遺訓第二十七條】

察覺有過，坦承己過則為善。悔過而執意補全，如破碗之碎片，撿齊亦無用亦。

〔解釋〕

犯錯想改過，只要知道自己錯了就足夠，然後把這件事徹底忘掉，立刻向前踏出下一步。如果為過去的錯誤懊惱而一直想彌補，和打破了碗之後再拾起碎片一樣，不會再有用處。

一般人通常不會老實承認自己的錯誤，尤其是從部屬的口中說出「這樣不是會出問題嗎？」明明知道自己不對也不肯認錯，甚至強詞奪理，想盡理由狡辯。

但西鄉說，應該要有勇氣承認自己的錯誤，「是我錯了，都是我不好」，反省過後，注意不要再犯同樣的錯誤繼續踏出下一步。

的確，最糟糕的是懊惱不停而積壓成心病，不但弄壞身體，甚至想自殺。人生也好，工作也好，必有連續不斷的煩惱和傷心，但煩惱只會傷身，不能解決問題，也無助於解決工作上的困難。我們必須切斷心理上的惡性循環，停止刺傷心靈的煩惱。如西鄉在第二十七則遺訓所說，即使犯了連晚上也無法入眠的大錯，也不能受困於此而停滯不前。

為了讓人生更美好，我一直用「六項精進」勉勵自己，也分享給他人。這六個項目分別是：

1. 每天持續不輸給任何人的努力
2. 保持謙虛不傲
3. 每日反省
4. 感謝自己活在世上
5. 累積善行和利他的行為
6. 不去擔心隨感覺、感性惹來的煩惱

尤其是第六項的「不去擔心隨感覺、感性惹來的煩惱」，就是西鄉所說的道理。

盡想那些讓自己心神衰弱的煩惱，也不會有任何結果，發生在人生或工作中的障礙和問題，用感情和衝動是無法解決的。愈煩苦的事愈需要理性，用理性思考找出合理、徹底的解決方法，並投注最大的努力解決，不要再為結果擔心，「盡人事」之後，就讓我們相信會成功而「聽天命」吧。

至於隨感性惹來的煩惱是說，不管結果如何都不要後悔、懊惱，應該為下一步保持開朗、樂觀，懷著夢想和希望，坦然面對未來。

「坦承己過則為善」這句話，對克服困難更為重要，這是歷經了無比悲苦人生的西鄉，才能道出的至理名言。

不時反省，認真過活

我有一個奇怪的習慣。

早上，在洗臉台看見鏡子裡自己的臉，昨天的事就會像走馬燈一樣一一浮現。如果出現的是擺架子、耍威風或得意忘形的稻盛和夫，我會馬上十分憎恨自己，忍不住羞愧地大叫：

「神啊！對不起。」

有時也會大喊：

「母親啊！我錯了。」

或「神啊！感謝您。」

感謝，是為了感謝神讓我發覺自己的錯誤。

三十多年來我一直保持這個習慣。不知從何時開始，早上我一到洗臉台，家人就不願意靠近。

或許，這是我個人每天反省的方法。我從年輕開始，根本沒有時間花在懊惱或沮喪，用這個方法讓反省的心情透過聲音刻印在心上，再繼續向前，不知不覺就成了我的習慣。

不過，每天的反省在人性形成方面確實非常重要。每天自我反省「身為人這麼做是否正確」或「是否過於傲慢」，有助於提升心性。

人生只有一次，為了不讓如此珍貴的人生留下遺憾，每天都要認真、樂觀、開朗且不忘反省。回想我拚命努力過每一天的這七十多年來的人生，我更堅決相信，提升心性、讓靈魂更美麗和每日的「精進」，才是人生的目的和最值得誇耀的生命價值。

第12章

希望

以乞食之身重新認識自己

二〇〇五年霜月（十一月），我有緣參加在瀨戶內愛媛縣松山市與今治市舉辦的托鉢說法會。

我身穿墨色僧衣、草鞋，戴上行僧草帽，脖子上掛著寫有僧堂名稱的頭陀袋，與在地的禪寺住持一共約十人一起誦完經文，從道後溫泉動身出發。

前晚的一場雨夾帶冰雹一直下到天明，我們走在被雨淋得又冰又冷的路上，口中呼應的聲音此起彼落，由低沉逐漸變大，慢慢地、慢慢地前進。

這一天，我們保持一定的間隔排成一排，各前往一戶民家的玄關托鉢，是為「連鉢」。

信徒們給我們布施或淨財時，我們把掛在脖子上的頭陀袋用雙手高高舉起，深懷感謝地接受。自古以來布施以米和蔬菜為多，大多成為僧侶當天的食糧。

現代，為食托鉢的意義已經淡薄，但對禪僧的修行而言，仍然具有重大的意義。其一是讓禪僧以「乞食」之身受他人之恩，了解有他人才有自己。其二，讓世人了解把物品分享給他人的喜悅，布施又稱為「喜捨」，就是這個道理。

我在六十五歲那年出家，之前我本來就想把釋迦牟尼佛的教誨研究得更深徹，後來得到臨濟宗妙心寺派掌門高僧西片擔雪大師的鼓勵，終於實現了這個願望。

入佛門不久，我卻唐突地提出：「在寺廟裡禪坐修行當然很重要，不過世人仍然為迷所苦，我想到外面廣說釋迦佛法，幫助世人。」獲得允許之後，我開始參加各地的托鉢行腳，也去過四國以外的山陰和東北等地。

托鉢時，我挨家挨戶或站在街頭說法，所獲的「喜捨」全數捐贈給當地的兒童福利設施。

有時，我在商店街的一角，放一個只有橘子木箱那般大小的台子，站在上面開始說法。有些過往的行人會停下腳步聽我說法，有時約二十多人，有時也曾經聚集了一百多人。

不過，大部份的人看到我總是露出詫異的臉色，好像在說「這個和尚真奇怪」，斜眼瞄了我一下就加快腳步，匆匆離去。

最近，很難見到托鉢的景象，或許布施的習俗早已被世人所忘，主動把托鉢行腳的和尚叫住，給與布施的人已經少之又少。

儘管如此，我依然堅持。

那天，在松山市和今治市親眼目睹我們一行托鉢禪僧的人，恐怕不下數千人吧。這是「一生一次」的緣分，或「前世修來」才得以在今世擦身而過的緣。現代人即使對宗教不太關心，但今後的人生如果遇見挫折和難關，想必也會有想尋求援救的時候吧。那個時候，如果能想起「啊！以前曾經在街上偶然聽過和尚的說法」，即使只是一瞬間，也有很重要的意義，因為那就是一種「佛緣」。

地獄與極樂世界因人心有別

我自年輕時代起，即受教於西片擔雪大師。某次，大師說法如下。

從前，有一位年少的禪僧問他的老師：「真的有地獄和極樂世界嗎？」由於禪宗言及來世不多，而年少的禪僧從小就聽說，人在現世所做的惡，必會下地獄受處罰和報應，但極樂世界卻是非常美妙之處。所以他想知道，這些是否真的存在。

老師不加思索立刻回答：「嗯，確實存在。」

年少僧接著問：「那麼，地獄和極樂世界究竟是什麼樣的地方呢？」

老師不疾不徐緩緩道出：

——其實啊，地獄和極樂世界乍看之下，根本沒有差別，但是住在裡面的人的心卻完全不同。

舉個例子來說吧，光是煮麵來吃這件事也有地獄和極樂世界之分。你看有個大鍋子，麵在熱湯裡煮熟了，鍋子旁邊有一、二十個肚子餓的人，一隻手端著碗，另一隻手拿著一公尺長的筷子，接下來的舉動就有地獄和極樂世界之分。

是地獄的話，大家爭先恐後用筷子拚命想夾住麵條，但筷子太長，好不容易夾到麵卻無法放進碗裡，當然也吃不到，大家正亂成一團時，突然有人搶走對面的人筷子上的麵條，被搶的人生氣地說：

「那是我的，你不能吃！」

搶的人惱羞成怒地喊：

「你說什麼，混帳……」

人見狀而不甘示弱，搶成一團，演變成互相毆打，最後麵條散了一地，誰也吃不到。這就是被畫成「阿鼻叫喚圖」的地獄。

那麼，極樂世界又是一幅什麼樣的景象呢？

極樂世界裡，大家都有一顆利他、為他人著想的美麗的心。用一公尺長的筷子夾到麵條，就放進站在對面的人的碗裡說：「你先吃吧。」

接著，其他的人也同樣把夾到的麵放進對面的人的碗裡，整鍋麵一條不剩，大家都吃得飽。——

換句話說，地獄和極樂世界都是因人的心相而生，這就是老師想對年少禪僧說的。

實際生活中，儘管經濟已經十分富裕，但想賺更多錢的欲望卻永無止盡，也永遠得不到滿足，這樣不能稱為幸福。相對的，經濟上雖不充足，但有為人著想的溫柔愛心，對人生充滿希望的人，一定能感到幸福。人生，會因個人心態而有地獄和極樂世界之分。

這個道理也呈現在現代社會。

家庭、職場、企業、社會、國家的成員的心，會讓其所構成的集團組織呈現完全不同的景象。若是充滿利己，人人只考慮到自己，必然呈現荒廢的景象。若是和氣藹藹、互敬互諒的話，則會是豐富社會的景象。

由此可知，癥結所在乃是構成集團的每一個成員的心相。英國哲學家詹姆士．艾倫把人心比喻成庭院，他說：「如果沒有在自己的庭院裡播下美麗花草的種子，必然會成為雜草種子的落腳處，而終將雜草叢生（中略）我們想過美好的人生，就要挖掘自己內心的庭院，剷除不純的錯誤想法，種植純潔正確的思想，不斷用心培育。」（摘錄自《我的人生思考》）

我們總是不知不覺地放縱自己的心而讓雜草蔓延叢生。

至於心靈的雜草究竟是什麼意思呢？那就是人類慣有的「煩惱」，而煩惱的根源起於三毒，分別是貪求萬物的「貪」、不合己願而心生憤怒、怨恨的「嗔」和不懂道理而抱怨不休的「痴」。

人如果不做任何努力，將會在煩惱中度過一生；但是，如果能抑制煩惱，即能呈現出人類原本所有的美麗、善良之心，為自己和周圍創造出美好的世界。

西鄉的教誨是心靈的教誨

西鄉晚年已經排除所有的煩惱，到達清靜高邁的境界。

「遣韓使節論」的過程，西鄉與孩提舊友大久保利通處於對立的立場，西鄉的意見大受反對而辭官回到故鄉鹿兒島的下野。之後，庄內的弟子們將西鄉偶爾有感而發的言語，記述成《南州翁遺訓》整理成冊，現在不但是我的精神食糧，也是本書詮釋的主要內容。

因此，遺訓中常常出現針對當時隨波逐流的明治政府所做的銳利指責，其中也有大異其趣的內容，比如下列的第四十條遺訓。

【遺訓第四十條】

犬隨翁獵追野兔，終日跋涉山谷，投宿田家，浴後心神爽快，悠然曰：「君子之心常如斯。」

〔解釋〕

南州翁與獵犬奔馳於山谷之間，整日追獵野兔，傍晚投宿於鄉下小屋，入浴後，身心爽快，悠然地說：「我認為君子的心應該永遠像現在一樣清爽。」

想像當時的西鄉，可能在稱為五右衛門的木製浴桶中泡暖了身子，一邊啜飲燒酒，一邊吃簡樸的菜湯，身心的疲勞得以舒解而感到非常舒適悠閒吧。於是他對今日也能活著享受這般幸福的時刻而充滿感恩，並且冷靜為明日的努力，做好心理準備，西鄉把這樣的心境描述成「君子之心」。

其實，每日處於繁忙之中的我們，也能像西鄉那般鎮靜自己的心靈。例如從早工作到晚，回到家泡個澡鬆一口氣，瞬間忘卻所有的煩惱和擔心，進入「無」的境界，如打坐時的心境。睡前若有片刻如此幸福的時間，果真美好至極。

當然，鎮靜心靈並沒有那麼簡單。人一閉上眼睛，各種雜念妄想就會像噴泉般源源而出，真是慚愧。因此，為了控制難以駕馭的心，平常的鍛鍊非常重要。

就這方面而言，西鄉飽嘗辛酸而鍛鍊成完美的人性，例如他在遣韓使節的爭論中堂堂正正表達了自己的主張，遭反對後潔身自退，對地位、名譽與薪俸毫不眷戀。

一八七三（明治六）年，西鄉回到鹿兒島，在薩摩的山野之中狩獵、耕田，泰然自處，不受周遭的喧鬧所影響，心如止水，去除了一切雜念，只專注於正道。

他從不掩飾對明治政府的批評，但那也是出自於他為國家著想的率直之心。

有別於縣立的學堂，西鄉把明治政府賜給自己的賞祿用來建設培養年輕士官的私學校，目的在於培育年輕人，和防止軍力最強的薩摩士族，把武力用錯方向。

結果，西鄉無法阻止薩摩年輕人的起義，私學校的學生再三對明治政府表示不服，終於暴發了襲擊政府火藥庫，奪取彈藥的事件。

聽到消息的西鄉大叫：「糟了！」悲憤交集地說：「你們要這些彈藥何用啊？」

西鄉無法倒回時代的濁流，贊成與明治政府決一勝負的主戰派佔強勢，西鄉也為之動「情」，決心「我不再說了，你們決定這麼做，我就為你們獻上性命吧」。

一八七七（明治十）年二月，西南戰爭爆發，西鄉軍從鹿兒島朝東京一路北上，目的並非為了討伐明治政府，而是為「大義」表態。

推翻幕府的戰役中足智多謀的西鄉，在西南戰役中卻沒有率先用戰略計謀，只是跟隨著年輕人前進，當時西鄉只要號令召喚同志，全國各地的援軍必會從四處湧來助陣，但他卻沒有這麼做。

雖然西鄉軍堅守熊本城，但在北方防線田原坂大激戰中被政府軍擊潰，敗走被追至城山。

政府軍五萬、西鄉軍三千的比例下，九月二十四日西鄉受槍傷後自刃，最後對成全自己自刃的別府晉介說：

「晉、就在這裡吧！」

說完，他朝故鄉的櫻島方向跪下，雙手平放地面，向別府晉介的刀伸出脖子。

我想，西鄉在那一刻，心裡沒有一絲一毫的怨恨，在槍林彈雨，砲聲交集中，西鄉的心裡只有寂靜。一生為正義、信念和真心而活，那是貫徹無私精神的西鄉隆盛最後的一刻。

這場日本最後的內戰，為期七個月後落幕，西鄉軍六千七百六十五人，政府軍六千四百零三人戰死於這場戰役，悲壯淒涼。

明明知道不能對歷史說「假如」這兩個字，但我還是忍不住心痛地想，難道沒有其他方法讓這麼多有崇高志向的人不至於喪命嗎？

而且，西鄉若能活過明治這段日本近代國家的黎明期，相信現代的日本和日本人一定會有別於現狀的另一番面貌。

後記
「遺訓」在現代栩栩如生

回顧西鄉壯烈的一生，再想想我們自己，實在沒有任何比人生更難理解的。有運氣好的人也有運氣壞的人，有人幸福有人不幸，但我認為這都是由兩個原因所構成。

一個是個人的「命運」，另一個則是「因果報應的法則」。

我們根本不知道自己的命運為何就已呱呱落地，照著命運的引導一步一步邁出人生的腳步。有時會碰見出乎意料的災難，有時卻有意外的喜悅，這許許多多的經驗伴隨著我們的人生。似乎有一條看不見的命運繩索，牽引著我們從出生走向死亡，而這條繩索就是人生的「縱線」。構成人生「橫線」的則是因果報應的法則。但命運不是宿命，命運會因個人如何處理出現在人生各階段中的波折而改變，如俗諺所說「善有善報，惡有惡報」。命運的縱軸與因果報應的橫軸交錯而織成人生這一匹布。

我們想過好的人生，就不要被命運打敗，應該讓心向善，多行善事。

這個社會一再發生企業的不道德與犯罪行為，還有令人禁不住想掩住耳目、不忍目睹的殘酷事件，都是起因於人心變惡之故，已經不容片刻的等待，必須盡快阻止這股惡流的進行。

我堅決相信，要想端正現代的亂象，除了認真重新認識人心以外，別無他法。

世相，是反映人心的一面鏡子。企業和經濟健全的發展、社會和國家明朗的未來、世界人類的安寧，都會因人人是否能提升心靈而定。而最足以成為我們心靈明鏡的，就是《南州翁遺訓》。

本書根據西鄉的遺訓，加上個人企業經營的經驗，和身為一個人在七十五年的人生所學到的東西，探討對活在現代的我們而言，什麼是最重要的。

本書如果在各位讀者步向「人生的王道」過程中成為指標，或有一點點的幫助，將是筆者最大的喜悅。

盼望今後日本充滿光明的希望，生活在現代的每一個人朝向充實美好的人生，所有的人類都享有安定豐富生活的世界，筆者衷心祈求，就此擱筆。

感謝　合掌

西鄉隆盛年譜簡要

編按：本年譜中的日期，一八七二（明治五）年以前為舊曆的天保曆，一八七三（明治六）年以後為新曆（公曆）。

一八二七（文政十）年

◆十二月七日，出生於鹿兒島城下的下加治屋町。長男，幼名小吉。父九郎（後稱吉兵衛），母滿佐。

一八三三（天保四）年・六歲

◆從師松本覺兵衛，開始學習儒學。

一八三九（天保十）年・十二歲

◆從造士館（薩摩藩設立的藩校）返家的途中與朋友發生爭執，右手腕受傷，從此專心讀書向學甚於練武。

一八四四（弘化元）年・十七歲

◆被派到郡奉行迫田太次右衛門屬下，任郡方書助役一職，改稱吉之助。

一八四七（弘化四）年・二十歲

◆武士階級晉升為下加治屋町鄉中的二才頭（次於長老之下）。

一八五〇（嘉永三）年・二十三歲

◆隨伊藤茂右衛門修陽明學，隨無參禪師修禪學。

一八五二（嘉永五）年・二十五歲

◆與伊集院兼寬之姊成婚。九月父親吉兵衛過世，繼承家都職位。十一月母親滿佐過世。

一八五四（安政元）年・二十七歲

◆一月，受賜中御小姓。二十一日，隨藩主島津齊彬動身赴江戶參勤，三月六日抵達江戶。四月，升職為庭方役。與水戶學派的藤田東湖會面，受教銘感於心。赴江戶期間妻子返回娘家離婚。次年改稱善兵衛、後改稱吉兵衛。

一八五七（安政四）年・三十歲

◆赴京三年後回鄉。四月恢復小姓與之職。十月兼任徒目付、鳥預、庭方等職，再次任命赴江戶參勤，參與周旋將軍的繼嗣問題。

一八五八（安政五）年．三十一歲

◆七月十六日，齊彬急逝。九月展開安政大獄，與勤皇派月照大師返鹿兒島。十一月十五日與月照同乘開往日向的船隻，次日十六日，與月照投水自盡，月照死亡，西鄉卻得同船的平野國臣相助而獲救。被免去徒目付、鳥預、庭方等職位。十二月改名為菊池源吾，受命到奄美大島的龍鄉潛居。

一八五九（安政六）年．三十二歲

◆一月十二日開始在奄美大島龍鄉的潛居生活，十一月八日在奄美大島與愛加那成婚。

一八六〇（文久元）年・三十三歲

◆三月三日，發生櫻田門外之變（水戶藩大老井伊直弼暗殺事件）。

一八六二（文久二）年・三十五歲

◆二月十二日回鹿兒島。同月十五日恢復徒目付、鳥預、庭方等職位，改名為大道三右衛門。三月十三日，被島津久光派至下關待命，與村田新八自鹿兒島出發，為鎮撫激進派而赴京。六月，久光聽信讒言，將西鄉流放至德島，改稱大島吉之助。閏八月，被收容到沖永良部島和泊的牢籠。

一八六三（文久三）年・三十六歲

◆為島民的孩童開設書塾，與看守土持政照結為義兄弟。

一八六四（元治元）年・三十七歲

◆二月二十八日，與村田回鹿兒島，三月任軍職。七月十九日，長州兵進軍京都引發禁門之變，任薩摩藩軍隊參謀出擊得勝，得令恢復西鄉原姓，職位晉升為御側役、代代小番。十月，被征長軍總督德川慶勝任命全權負責對付長州。十二月，在下關決定如何處置三條實美五位公卿的同時，提議解除出征長軍的軍隊。

一八六五（慶應元）年・三十八歲

◆一月，與岩山八郎的次女成婚。四月與坂本龍馬同行回鄉，升任為大番頭、一身家老。五月，與大久保利通針對再征長州的論題，作出拒絕出兵的結論。十二月，派遣黑田清隆、坂本龍馬赴長州商議聯盟。

一八六六（慶應二）年．三十九歲

◆一月二十一日，在京都小松帶刀邸，坂本龍馬在旁為證，代表薩摩與木戶孝允締結同盟。九月，受命任大目付、陸軍掛職位，次月奉還大目付一職。

一八六七（慶應三）年．四十歲

◆二月，向久光進言召開薩摩、越前、土佐與宇和島四藩的聯合會議。五月，與土佐藩的中岡慎太郎、板垣退助等人計劃王政復古。六月，向長州藩的山縣有朋表明推翻幕府的決心，誓約薩長聯合。九月，土佐藩提出大政奉還建白書之論後，告知土佐藩，薩摩藩將舉兵討伐幕府。十月，在薩摩藩邸與長州、土佐締結三藩舉兵的盟約，堅決實行王政復古。十四日，發出推翻幕府的密令，由小松、大久保等人聯名簽署。十二月九日，指揮薩摩軍隊進行王政復古的政變。

一八六八（明治元）年・四十一歲

◆一月三日，在鳥羽、伏見之役指揮薩摩軍作戰。二月十四日，任東征大總督有栖川宮熾仁親王的參謀。三月十三日，在江戶高輪的薩摩藩邸會見勝海舟，達成江戶不戰開城的協議。四月十一日，江戶城開城。五月，在上野、黑門口與彰義隊展開上野戰爭，指揮新政府軍擊破彰義隊。九月，抵達山形庄內藩，命黑天清隆寬大處置庄內藩敗軍。十一月回鹿兒島。

一八六九（明治二）年・四十二歲

◆一月，辭去薩摩藩的役職，謝絕擔任新政府官職。二月，應藩主忠義所求任藩的參政、一代寄合。六月十七日，施行版籍奉還。

一八七〇（明治三）年・四十三歲

◆一月，辭去參政，任相談役。五月，奉還正三位的位記。七月，由相談役轉任為執務役。十二月，敕使岩倉具視、副使大久保利通到鹿兒島訪西鄉，催促西鄉出任新政府官職。西鄉提議設立親兵。

一八七一（明治四）年・四十四歲

◆四月，率領常備兵四大隊與藩主忠義赴京。六月二十五日，任參議，續正三位。任制度取調會議長審議官制，七月十四日，以總參議長之名斷然執行廢藩置縣。十一月，命岩倉具視為全權大使赴歐美的期間，兼任大藏省事務監督。將全國的縣制改為三府七十二縣。

一八七三（明治六）年・四十六歲

◆五月十日，任陸軍大將兼參謀。六月，閣議朝鮮問題，反對出兵，主張派遣使節，並自願出任使節。八月十七日，內閣決議通過西鄉的朝鮮使節派遣。十月二十三日，岩倉太政大臣代行上奏，中止派遣使節的決議。西鄉提出陸軍大將、參議、近衛都督的辭呈，但正三位與陸軍大將的辭意並未受理。十一月西鄉回鄉抵達鹿兒島。

一八七四（明治七）年．四十七歲

◆六月，在鹿兒島設槍隊學校、砲隊學校與從幼兒開始入學的私學校。

一八七五（明治八）年．四十八歲

◆四月，在鹿兒島郊外設開墾社。

一八七七（明治十）年．五十歲

◆一月，私學校學生襲擊政府的火藥庫。二月，因懷疑政府有暗殺西鄉的陰謀，而以陸軍大將的資格與私學校的學生一起為質問政府而舉兵攻擊熊本城。三月，與政府軍在田原坂展開戰役，之後陸續敗退至人吉、宮崎。七月，政府軍佔領都城。八月，轉戰至宮崎美美津、延岡和田嶺，在長井村被政府軍包圍，陸軍大將的戰衣遭焚燒。十七日，越過可愛嶺突破政府軍的包圍，經由三田井，在九月一日進入鹿兒島。二十四日，政府軍發動總攻擊，在城山岩崎谷身中流彈負傷，在別府晉介的協助下自刃。

一八八九（明治二十二）年

◆明治憲法頒布，大赦廢除賊名。曾經就讀私學校的庄內藩中老菅實秀等人為了把西鄉的思想傳達給後世，而將其言行編纂成《南洲翁遺訓》。

國家圖書館出版品預行編目（CIP） 資料

稻盛和夫 人生的王道（新裝紀念版）：正確生活的共通哲學／稻盛和夫著；山田淑敏譯. -- 第二版. -- 臺北市：天下雜誌股份有限公司，2024.10
288 面；14.8×21 公分. --（天下財經；541）
譯自：人生の王道
ISBN 978-986-398-989-9（平裝）

1. CST：人生哲學 2. CST：格言

191.9 113003614

稻盛和夫　人生的王道（新裝紀念版）

正確生活的共通哲學

人生の王道

作　　者／稻盛和夫 Kazuo Inamori
譯　　者／山田淑敏
封面設計／Dinner Illustration
內文排版／顏麟驊
責任編輯／賀鈺婷、張齊方、呼延朔璟
校　　對／洪于琇、莊素玉

天下雜誌群創辦人／殷允芃
天下雜誌董事長／吳迎春
出版部總編輯／吳韻儀
專書總編輯／莊舒淇（Sheree Chuang）
出版者／天下雜誌股份有限公司
地　　址／台北市 104 南京東路二段 139 號 11 樓
讀者服務／（02）2662-0332　　傳真／（02）2662-6048
天下雜誌 GROUP 網址／ http://www.cw.com.tw
劃撥帳號／ 01895001 天下雜誌股份有限公司
法律顧問／台英國際商務法律事務所・羅明通律師
印刷製版／中原造像股份有限公司
總 經 銷／大和圖書有限公司　電話／（02）8990-2588
出版日期／ 2024 年 10 月 2 日第二版第一次印行
定　　價／ 420 元

書號：BCCF0541P
ISBN：978-986-398-989-9（平裝）

直營門市書香花園　地址／台北市建國北路二段 6 巷 11 號　電話／02-2506-1635
天下網路書店　shop.cwbook.com.tw　電話／02-2662-0332　傳真／02-2662-6048